RASSIGE GIRLS IN LICHT UND SCHATTEN

Jürgen Prommersberger: Rassige Girls in Licht und Schatten
Regenstauf , Februar 2016

Alle Rechte am Werk liegen beim Autor:
Jürgen Prommersberger
Händelstr 17
93128 Regenstauf

Erstauflage
Herstellung: CreateSpace Independent Publishing Platform

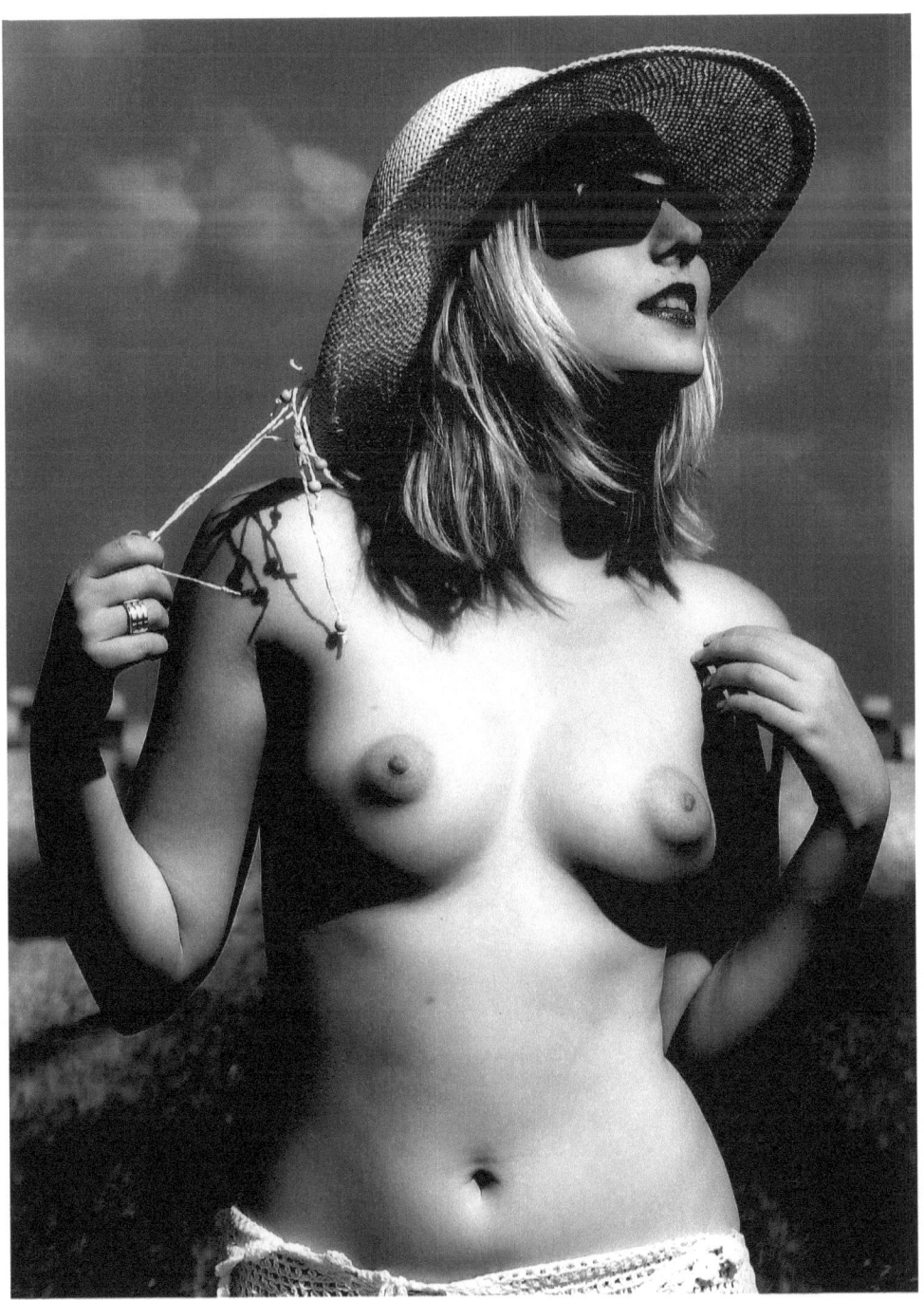

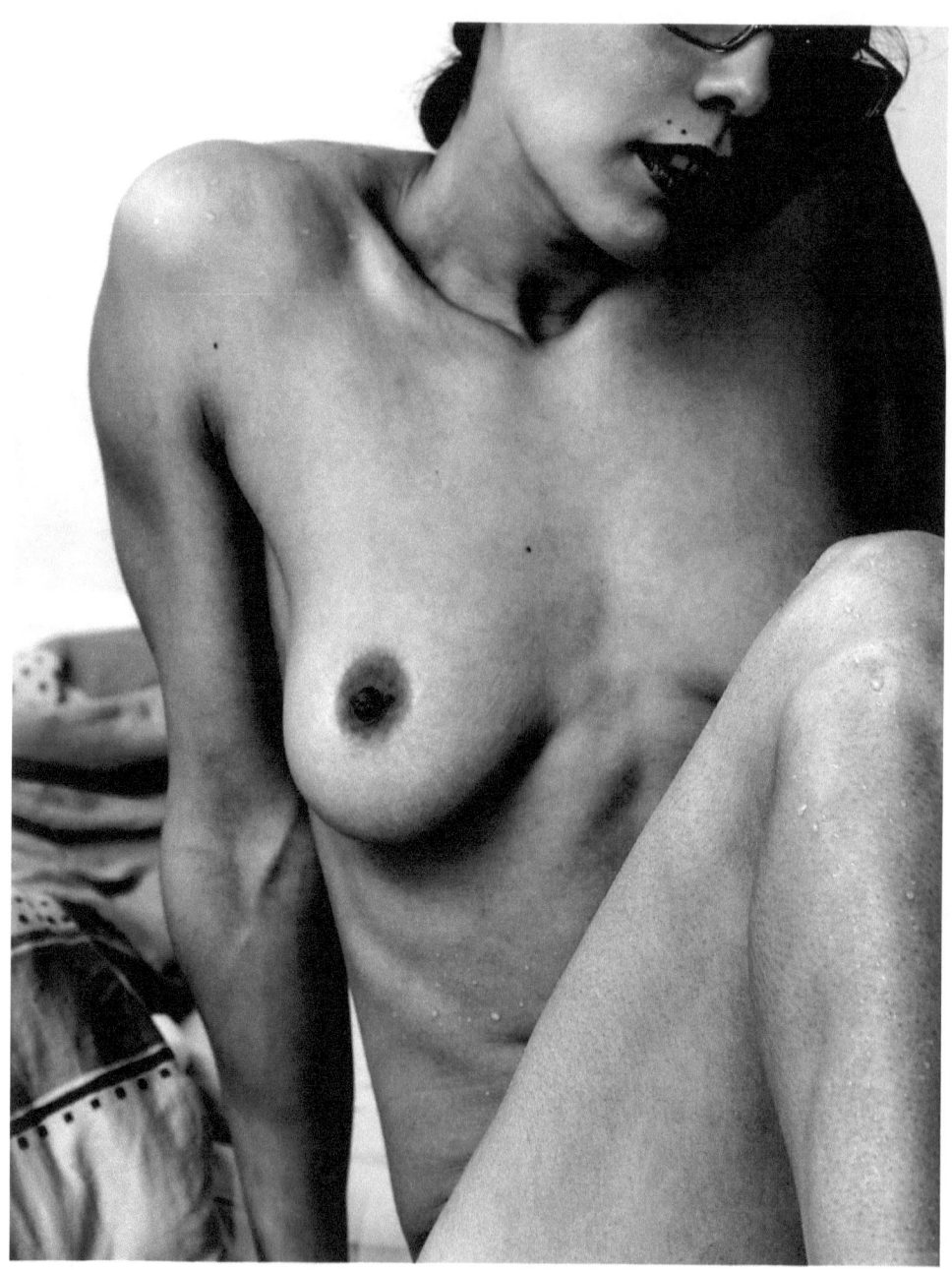

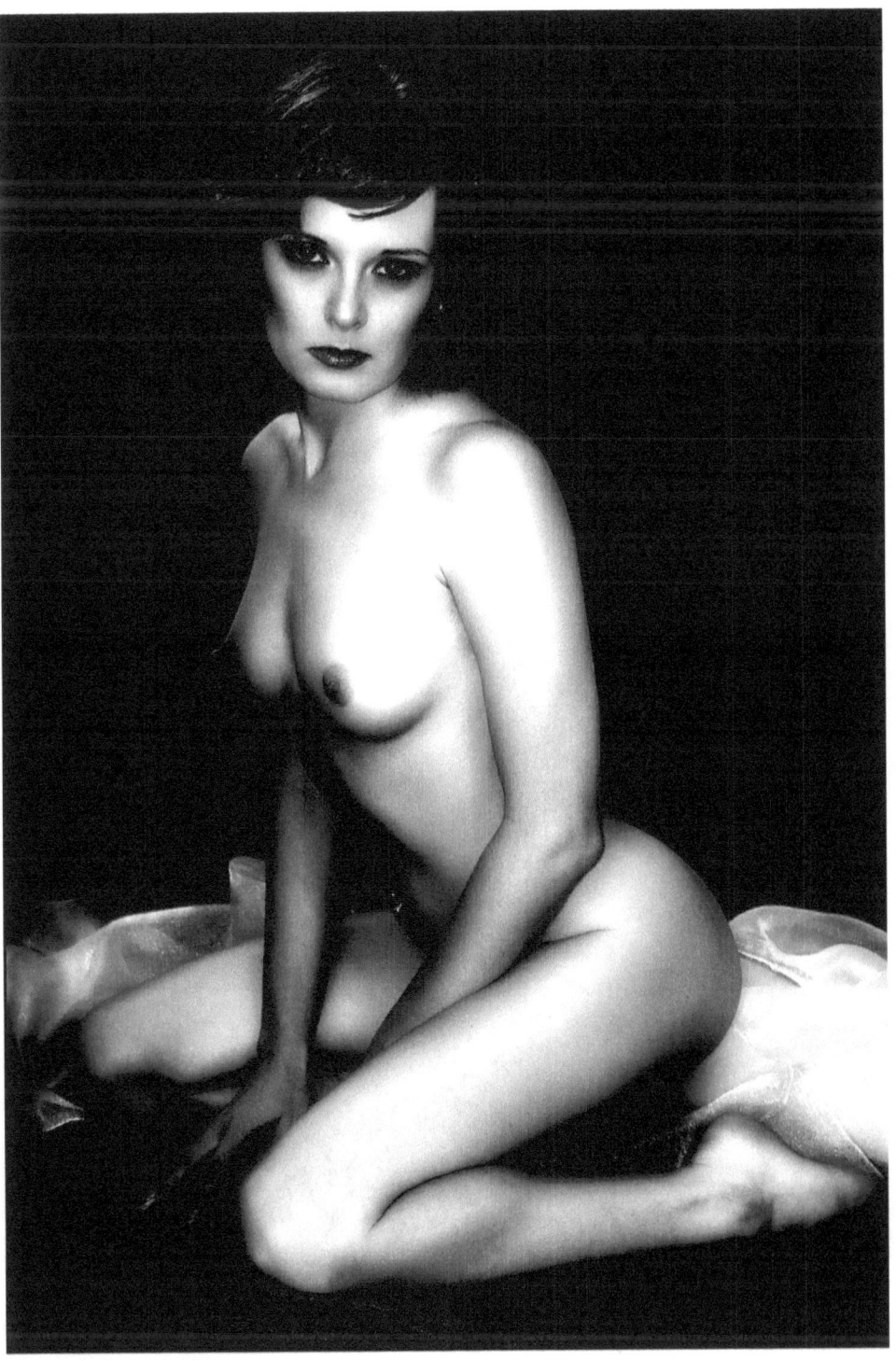

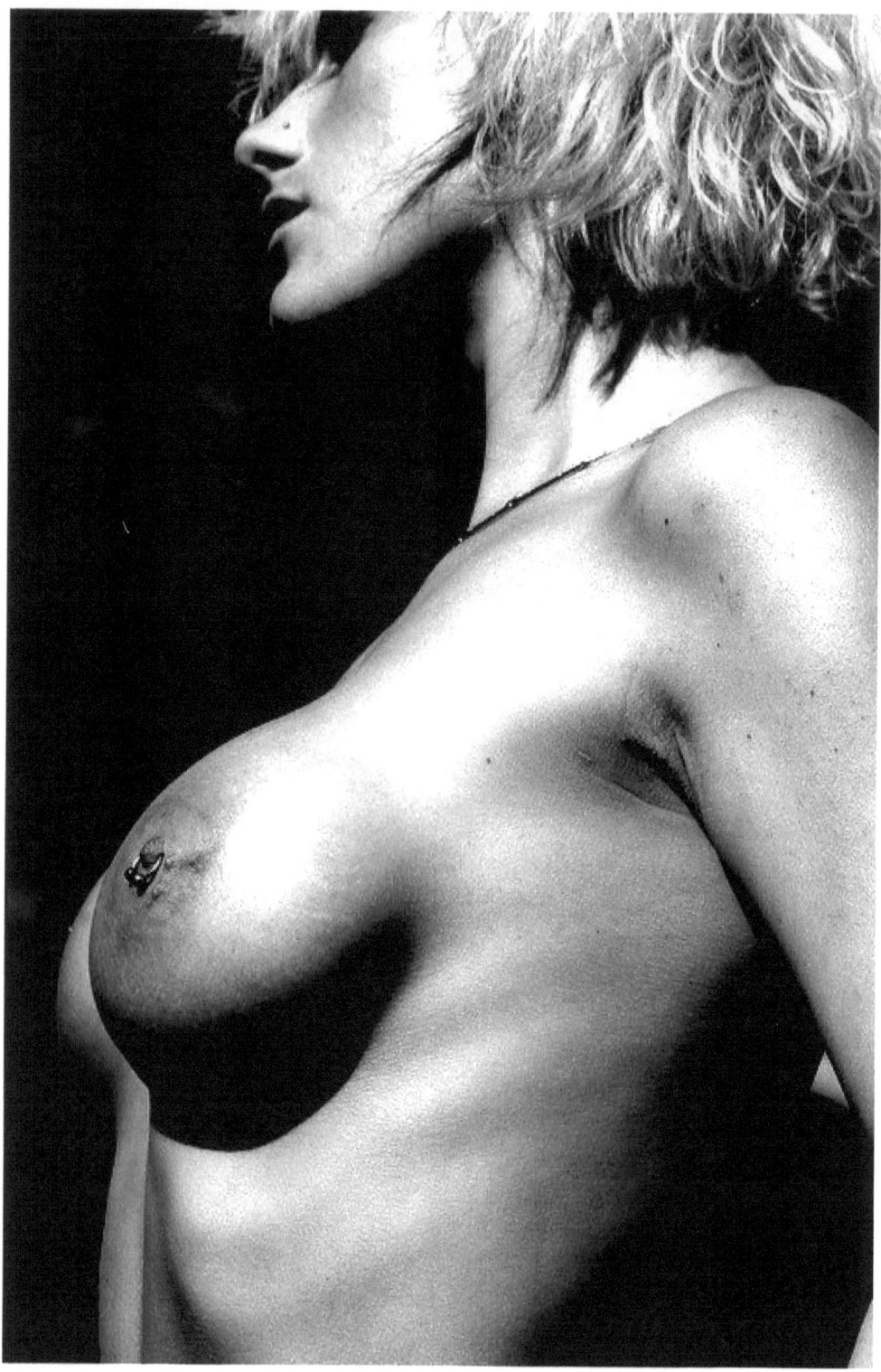

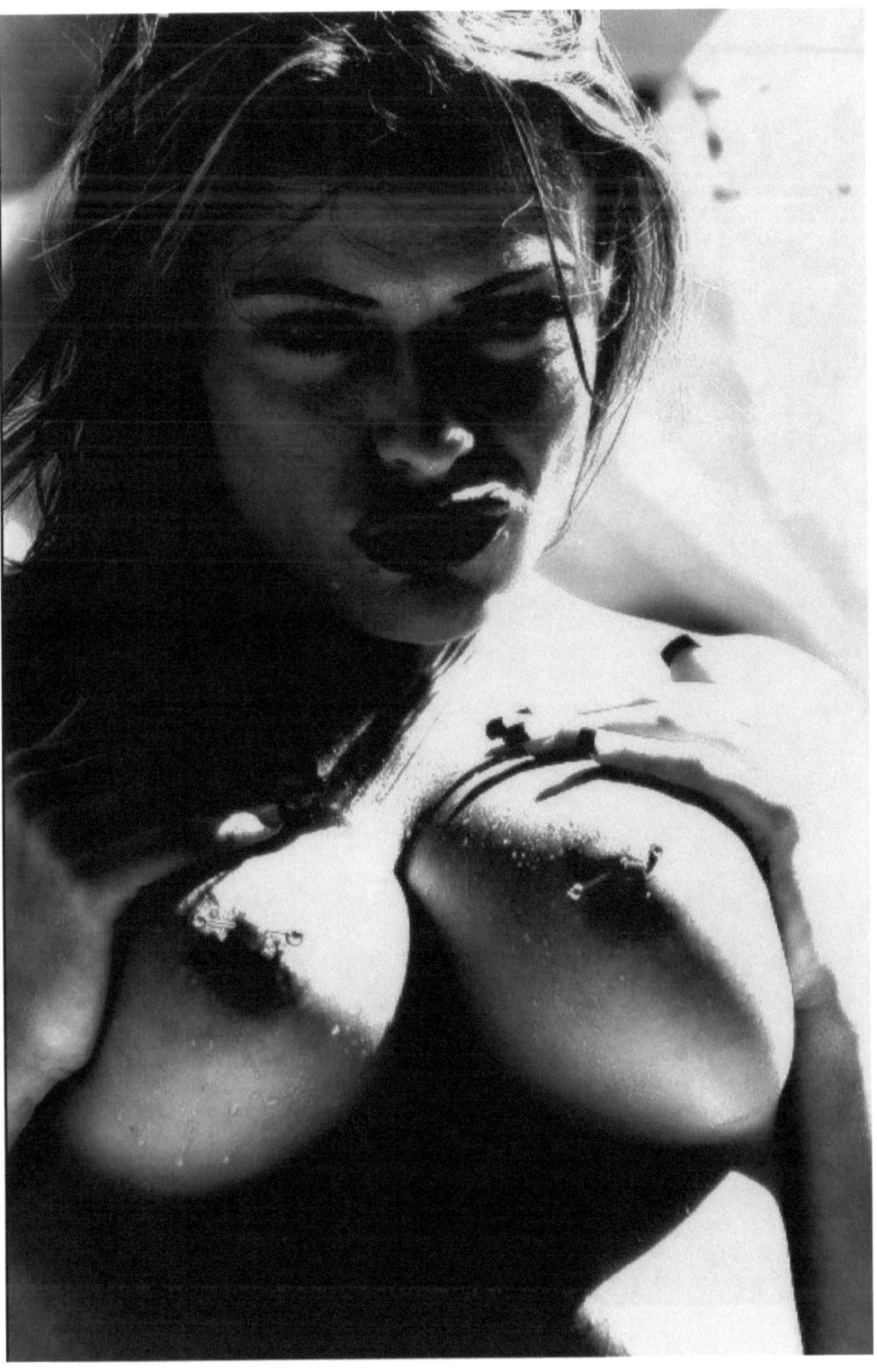

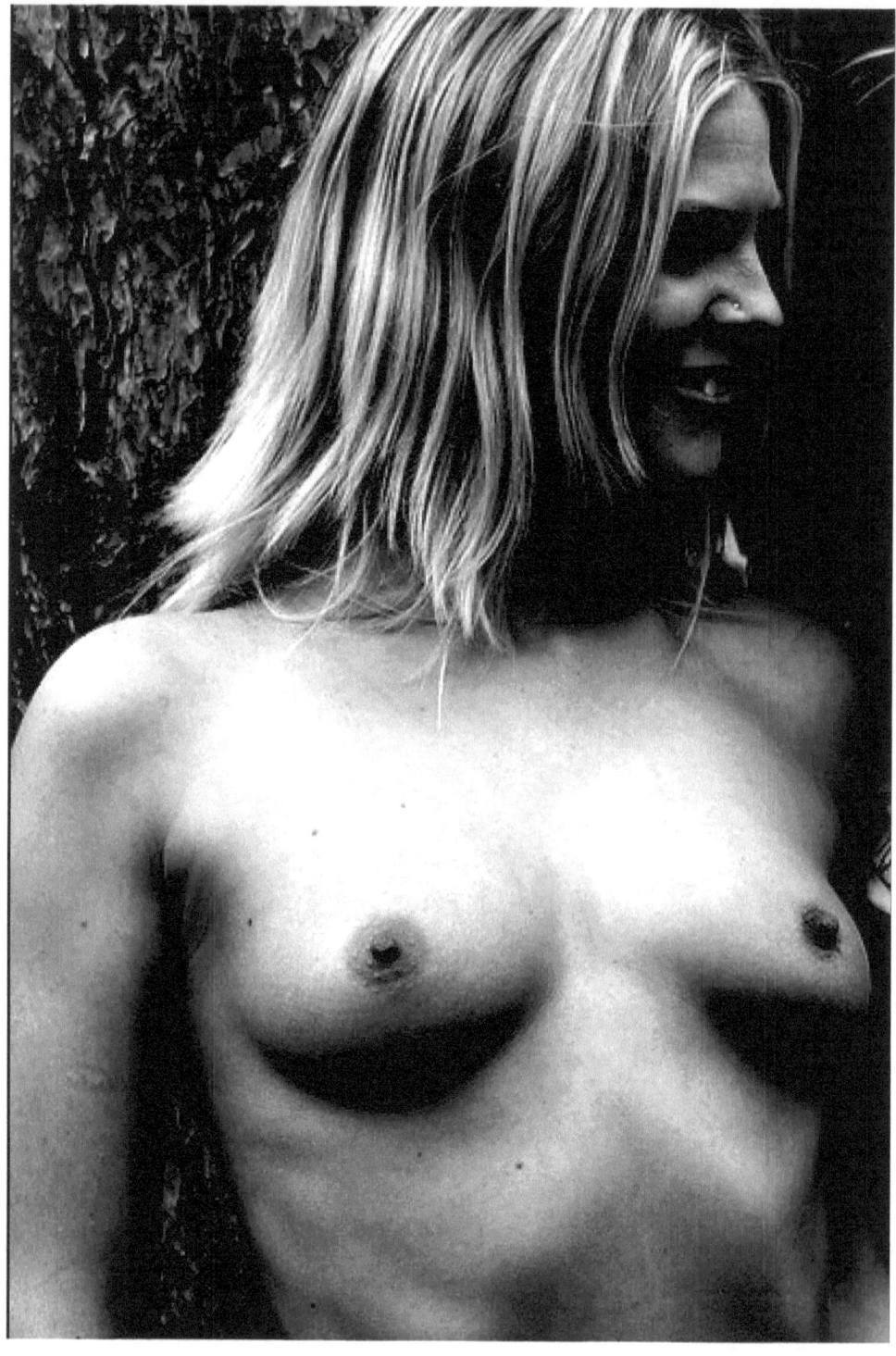

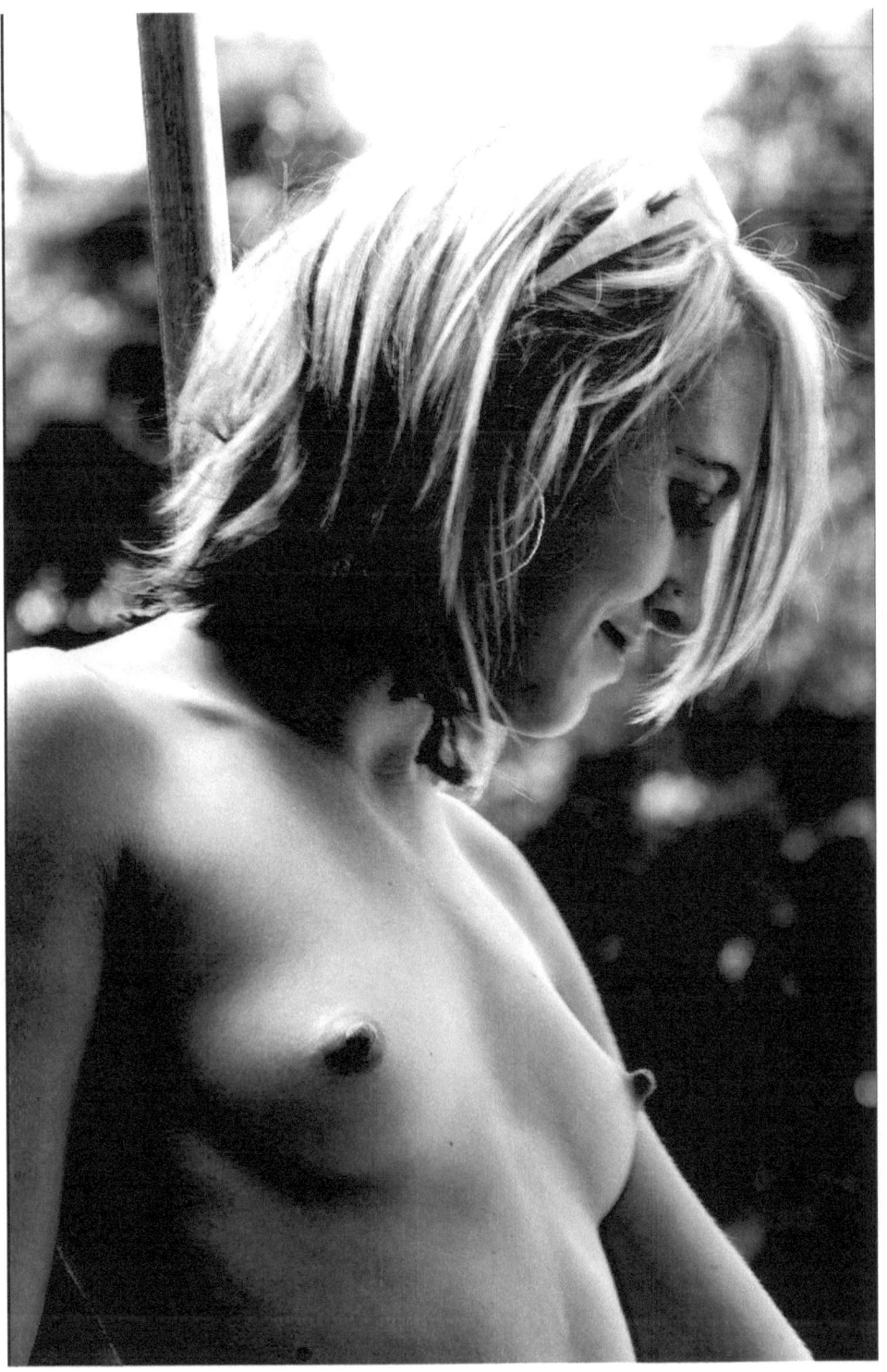

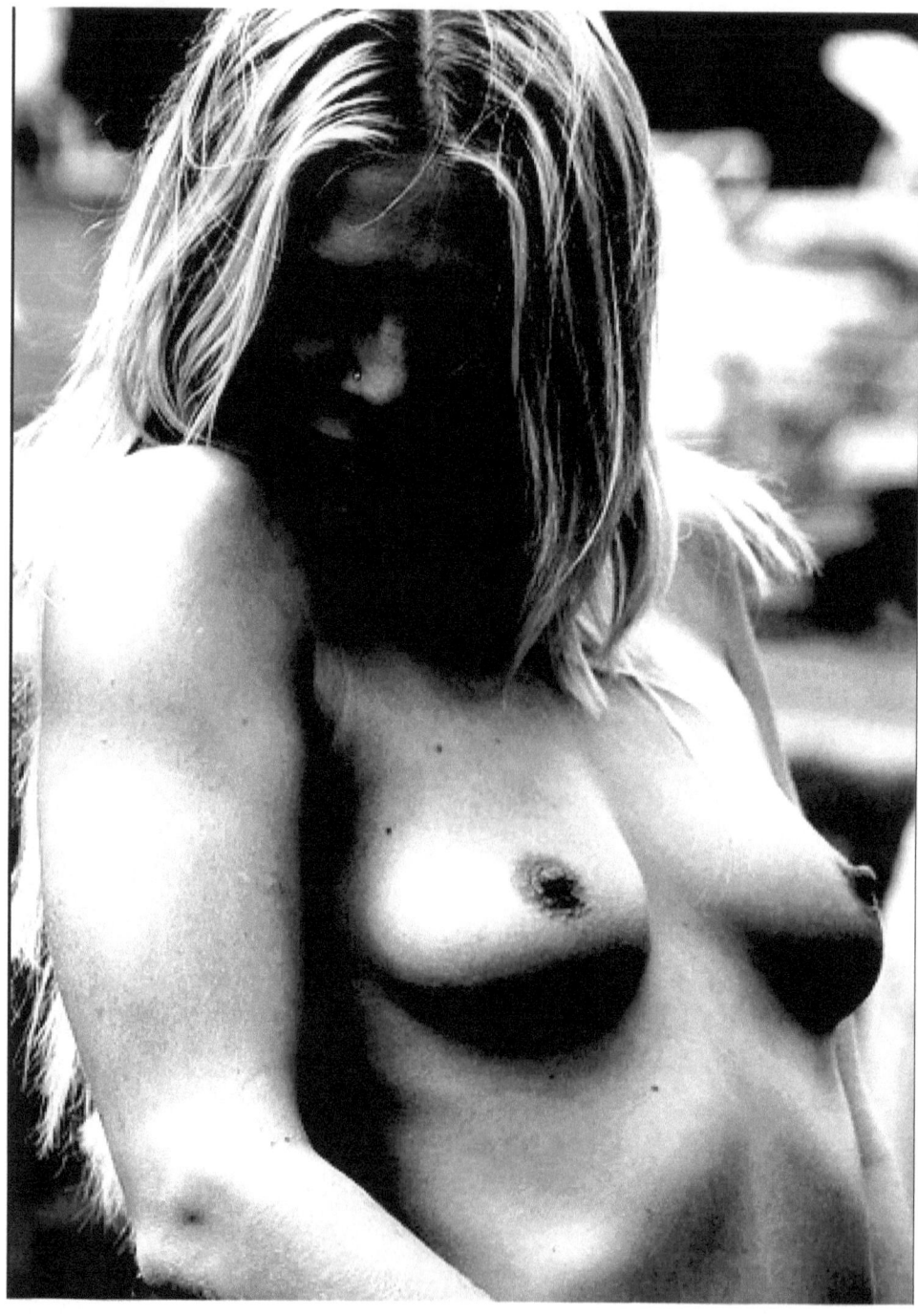

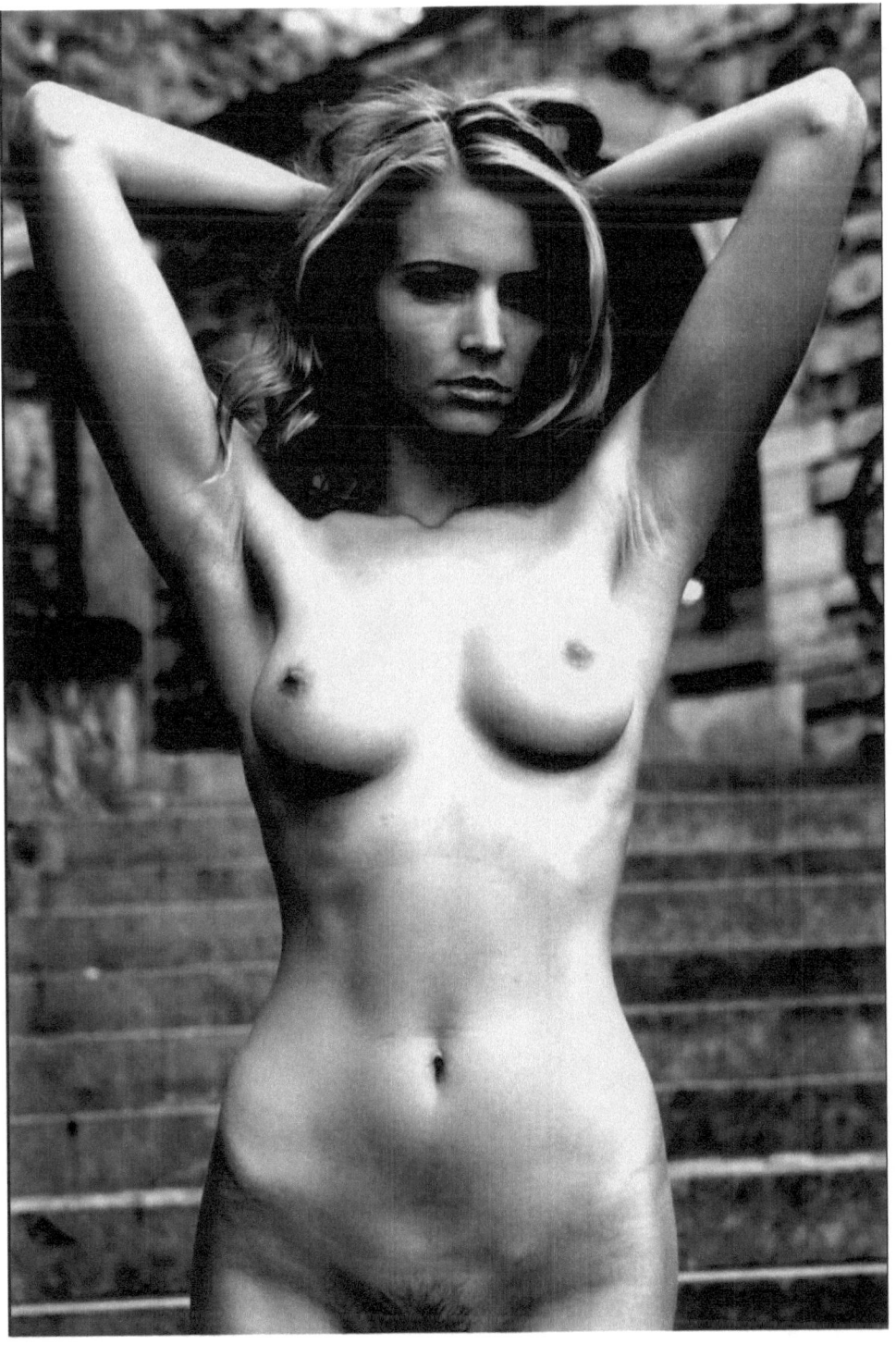

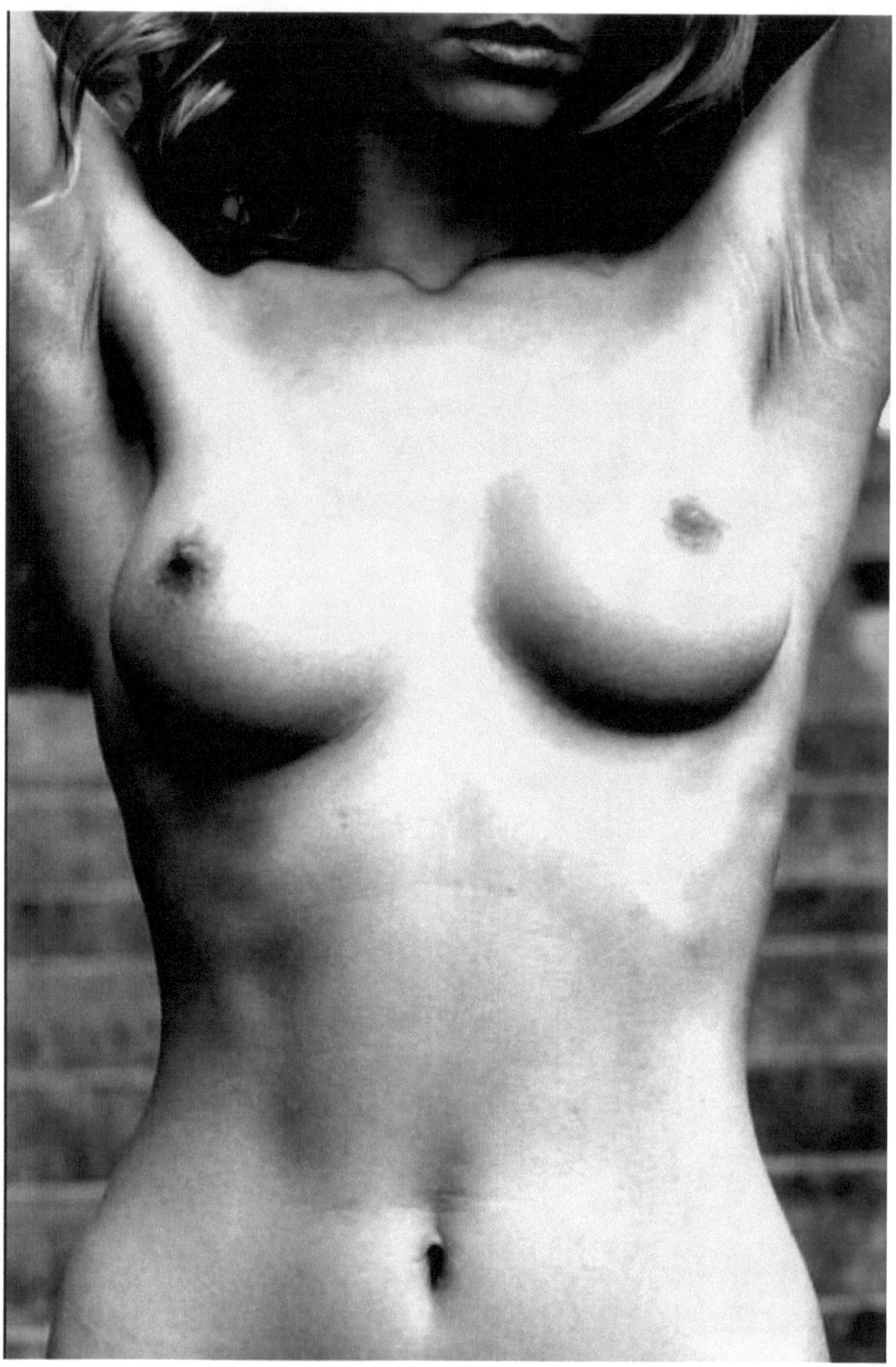

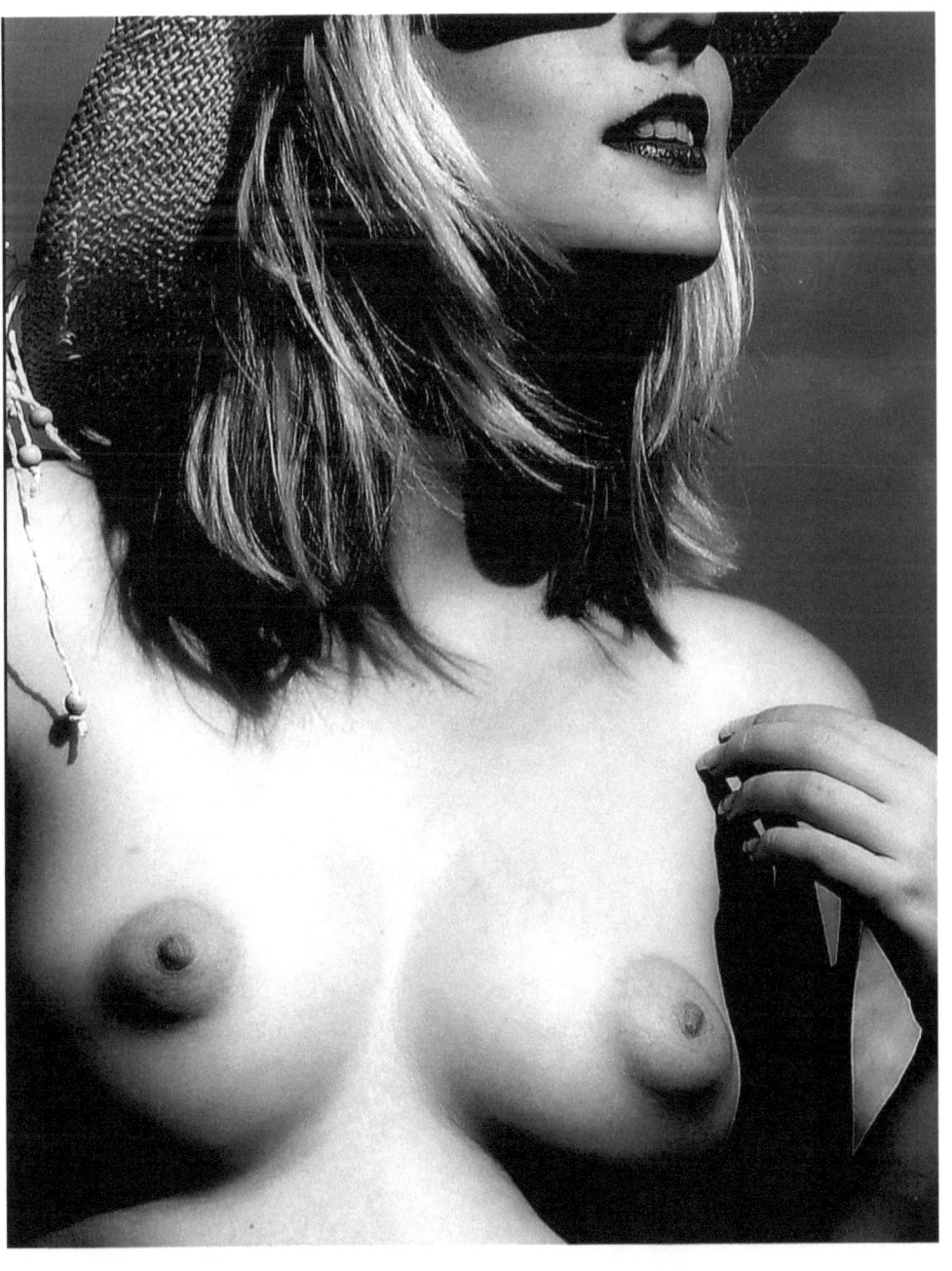

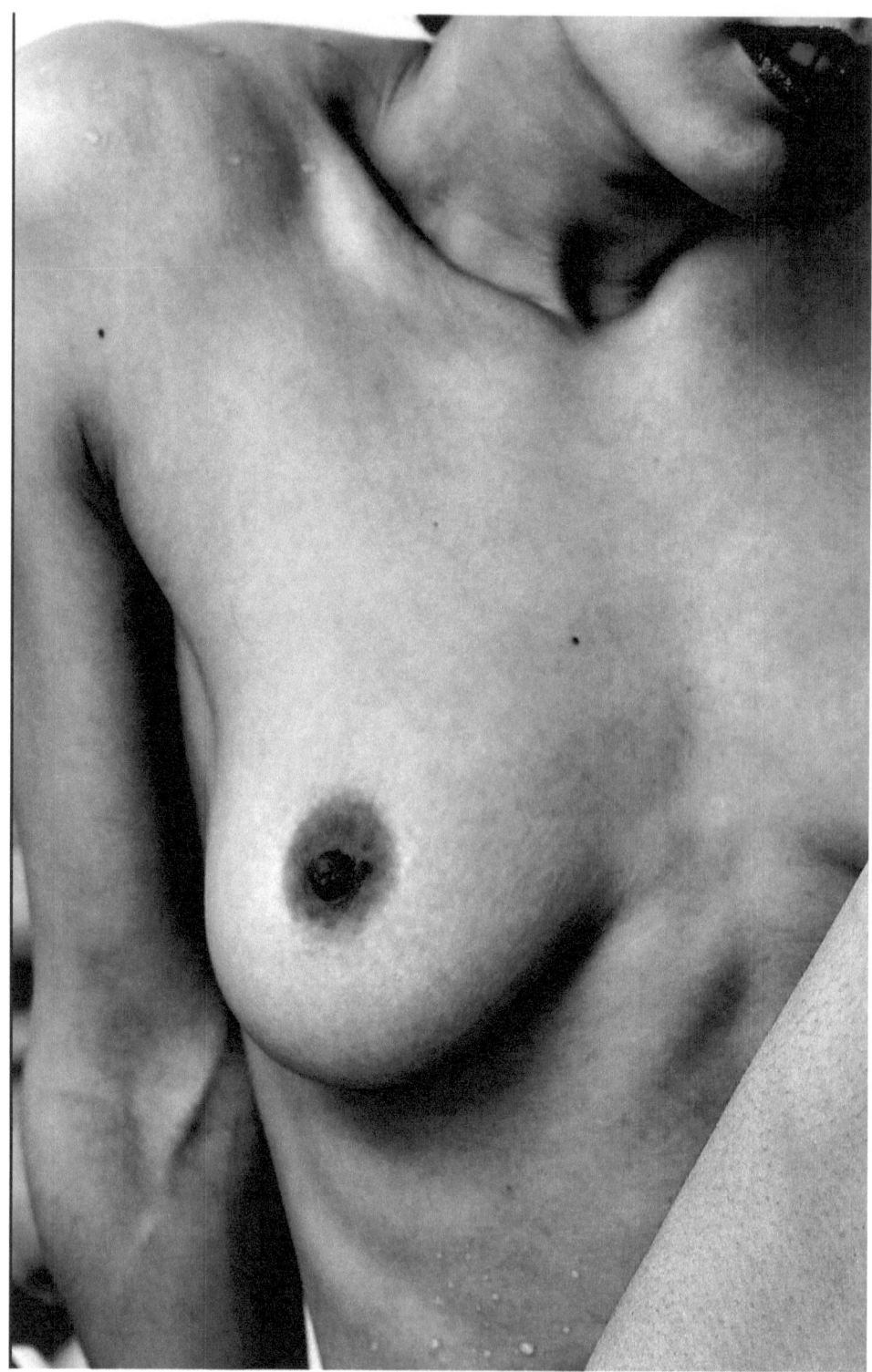

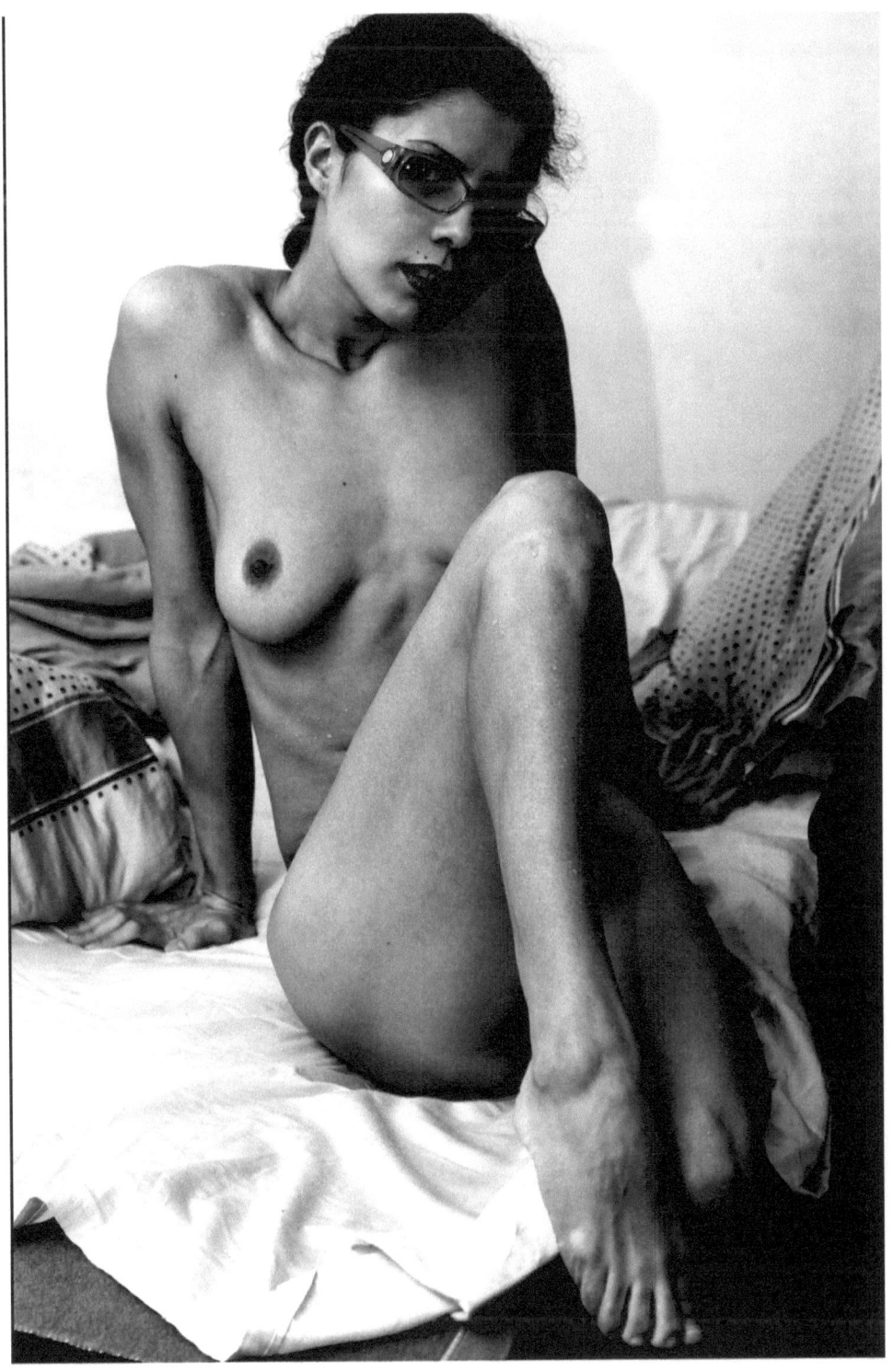

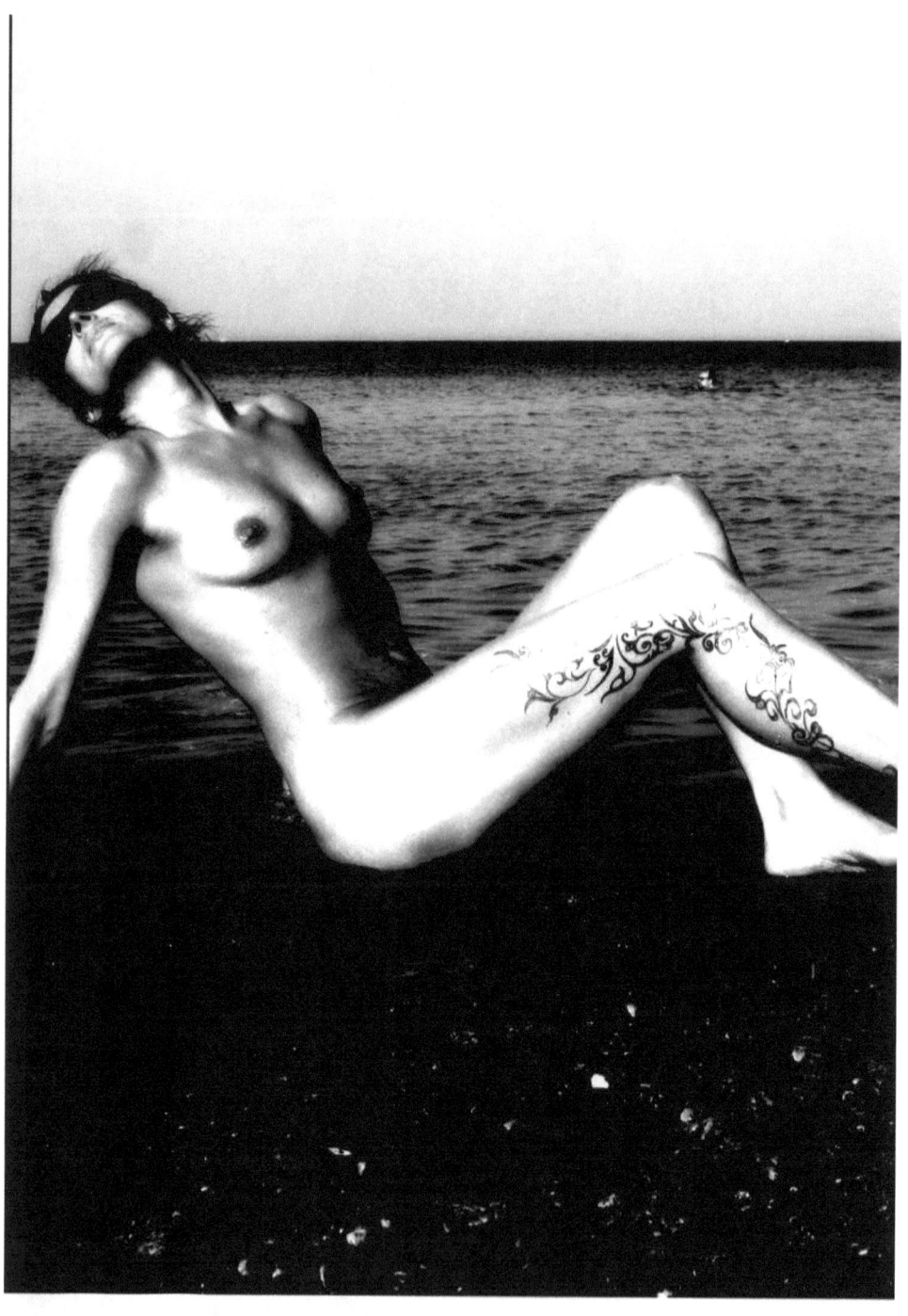

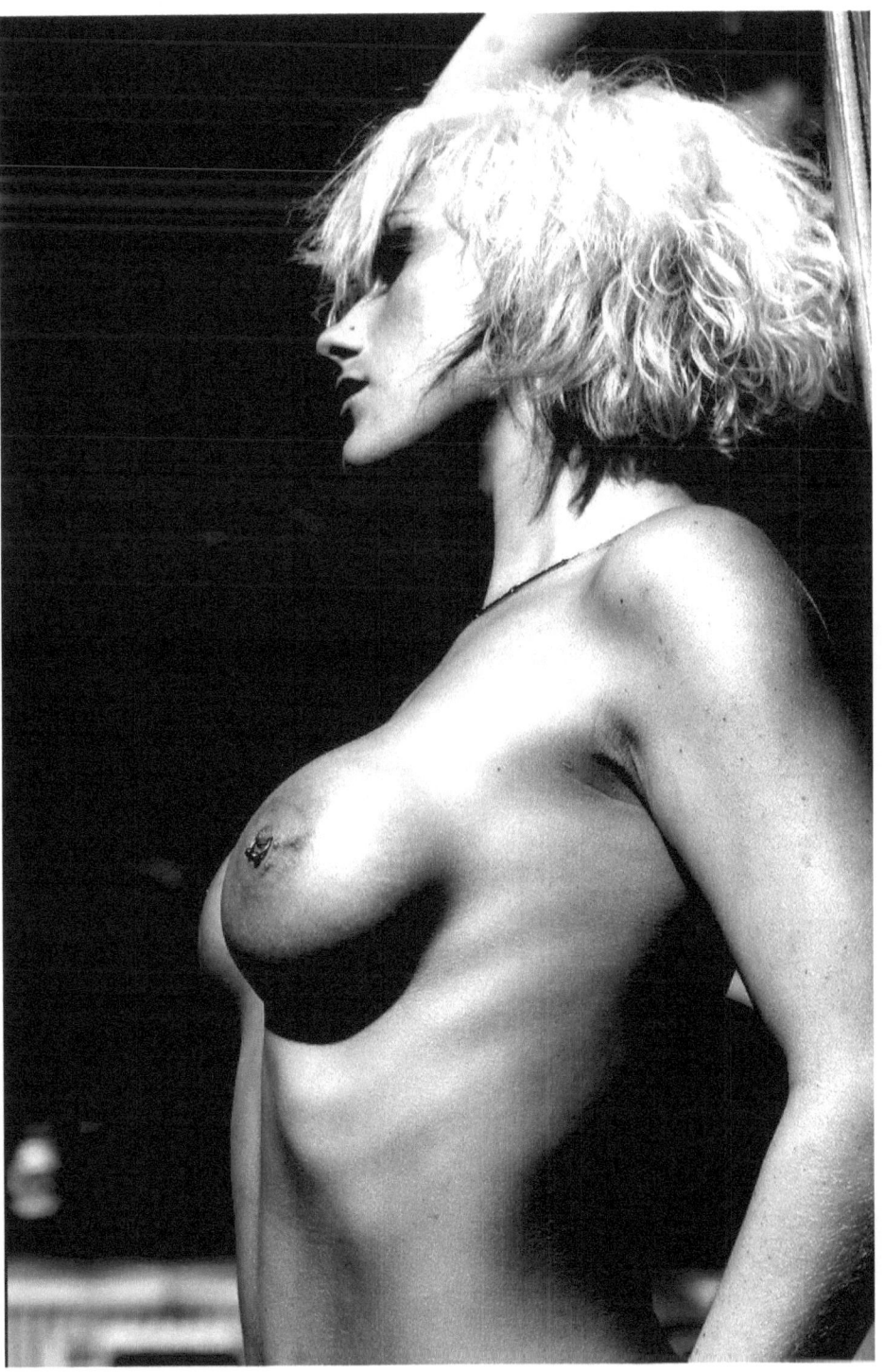

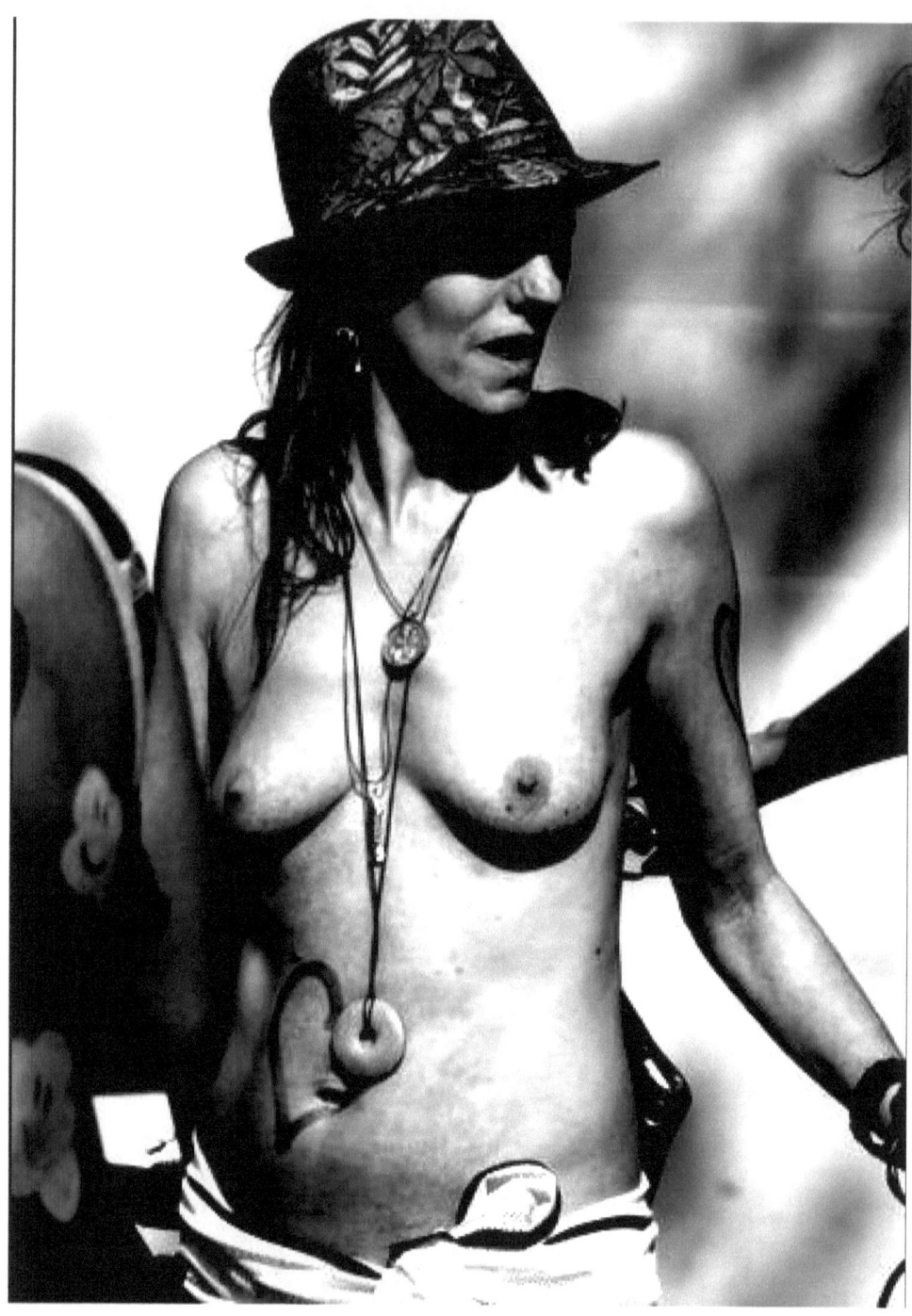

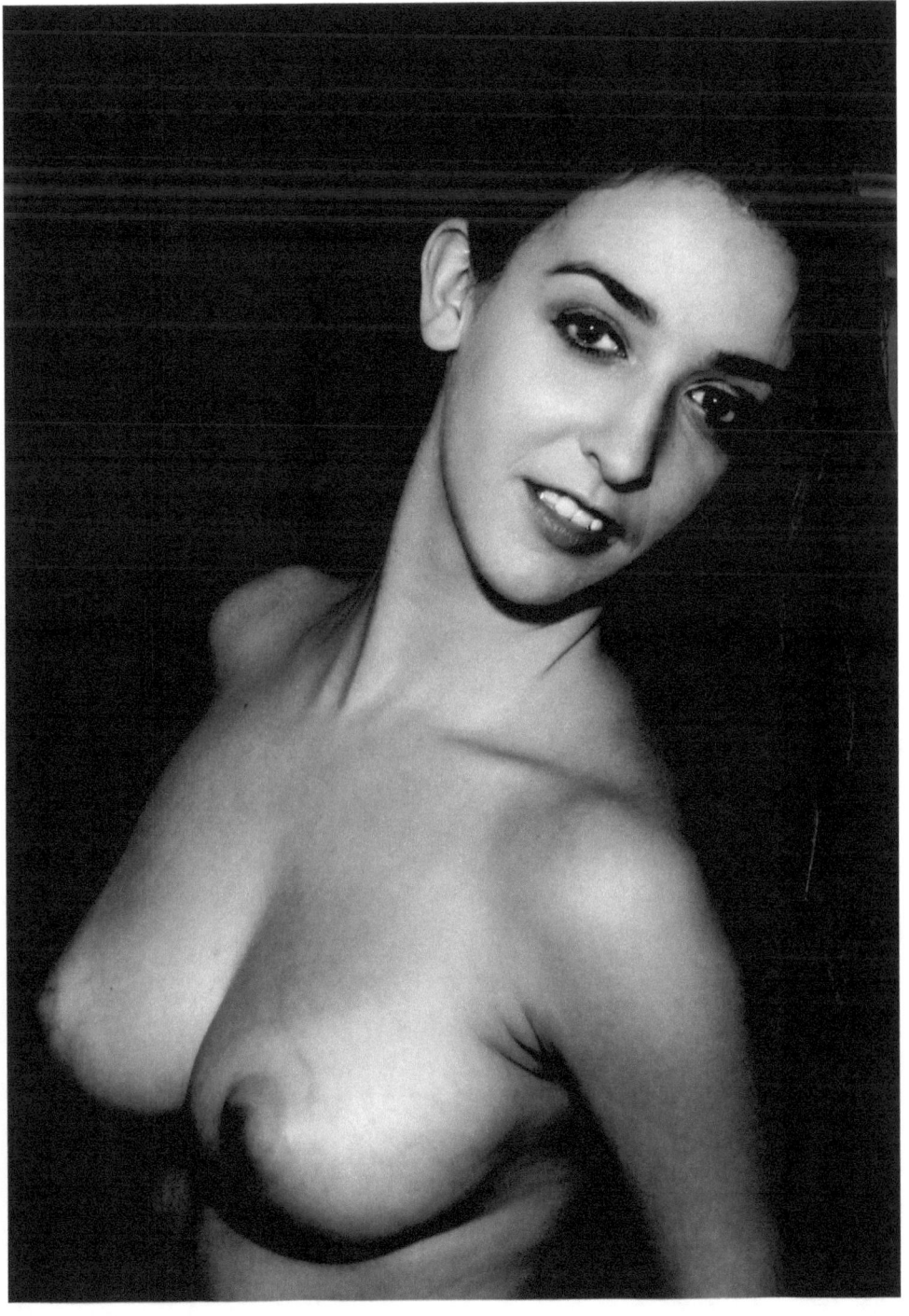

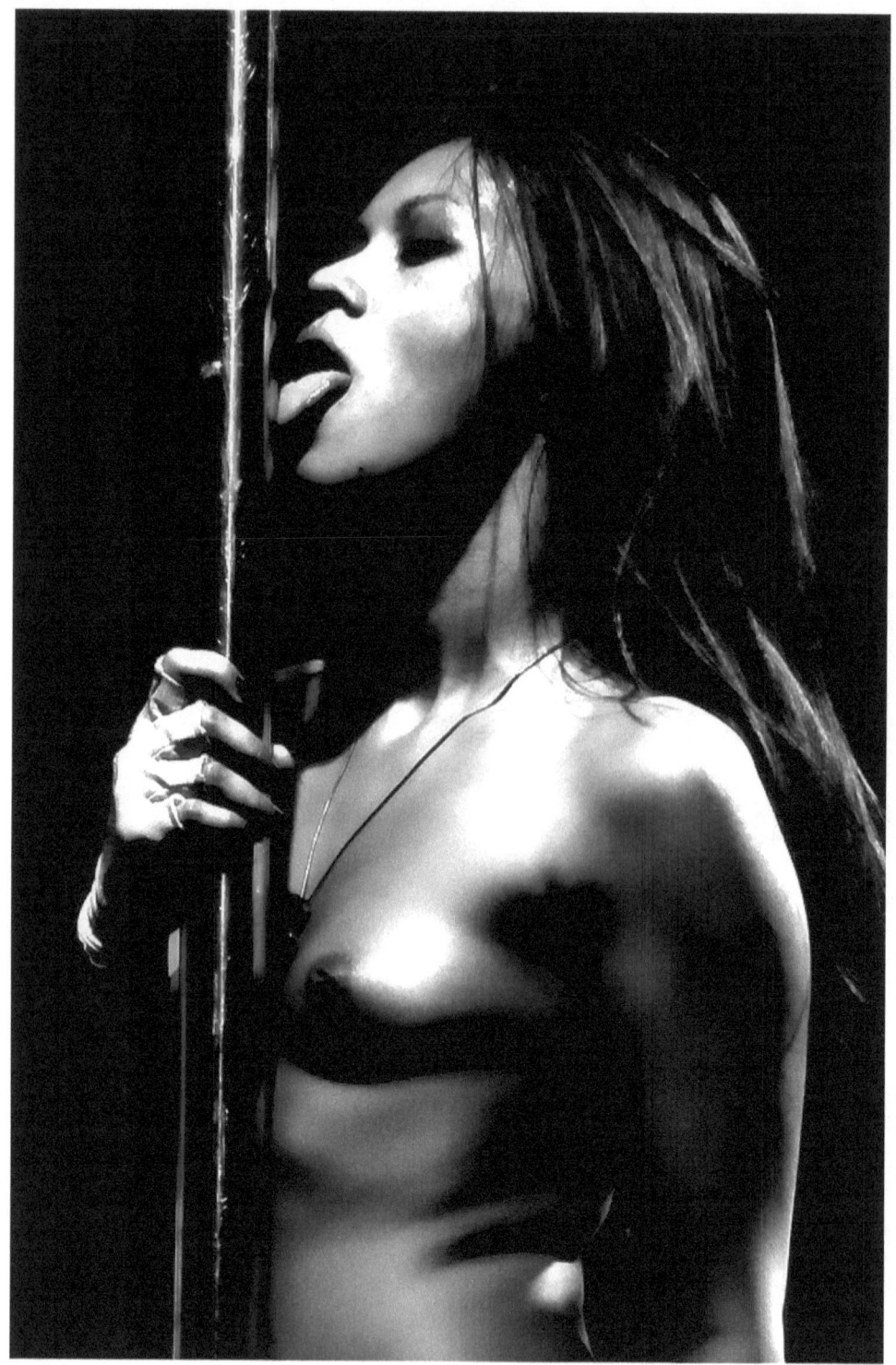

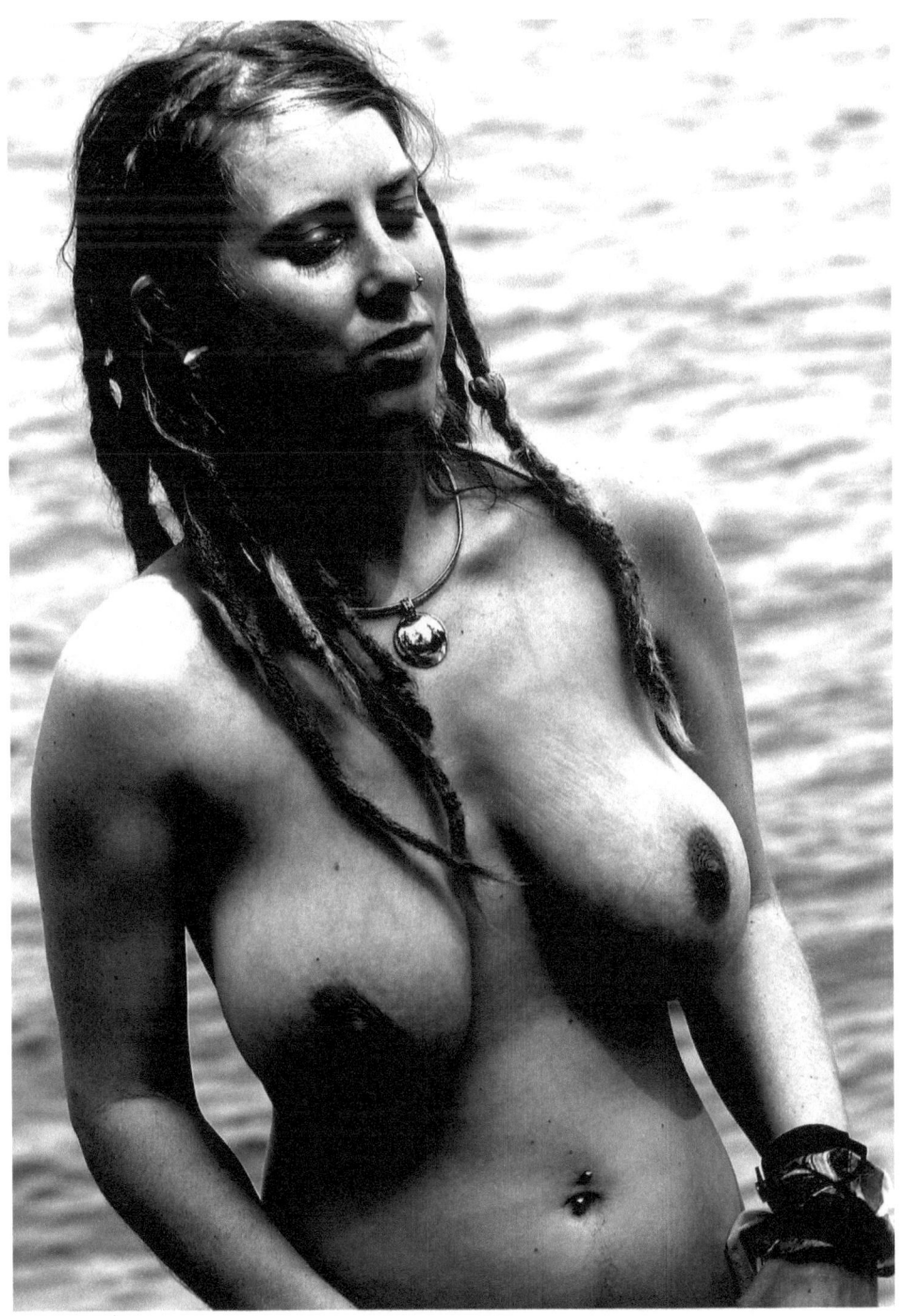

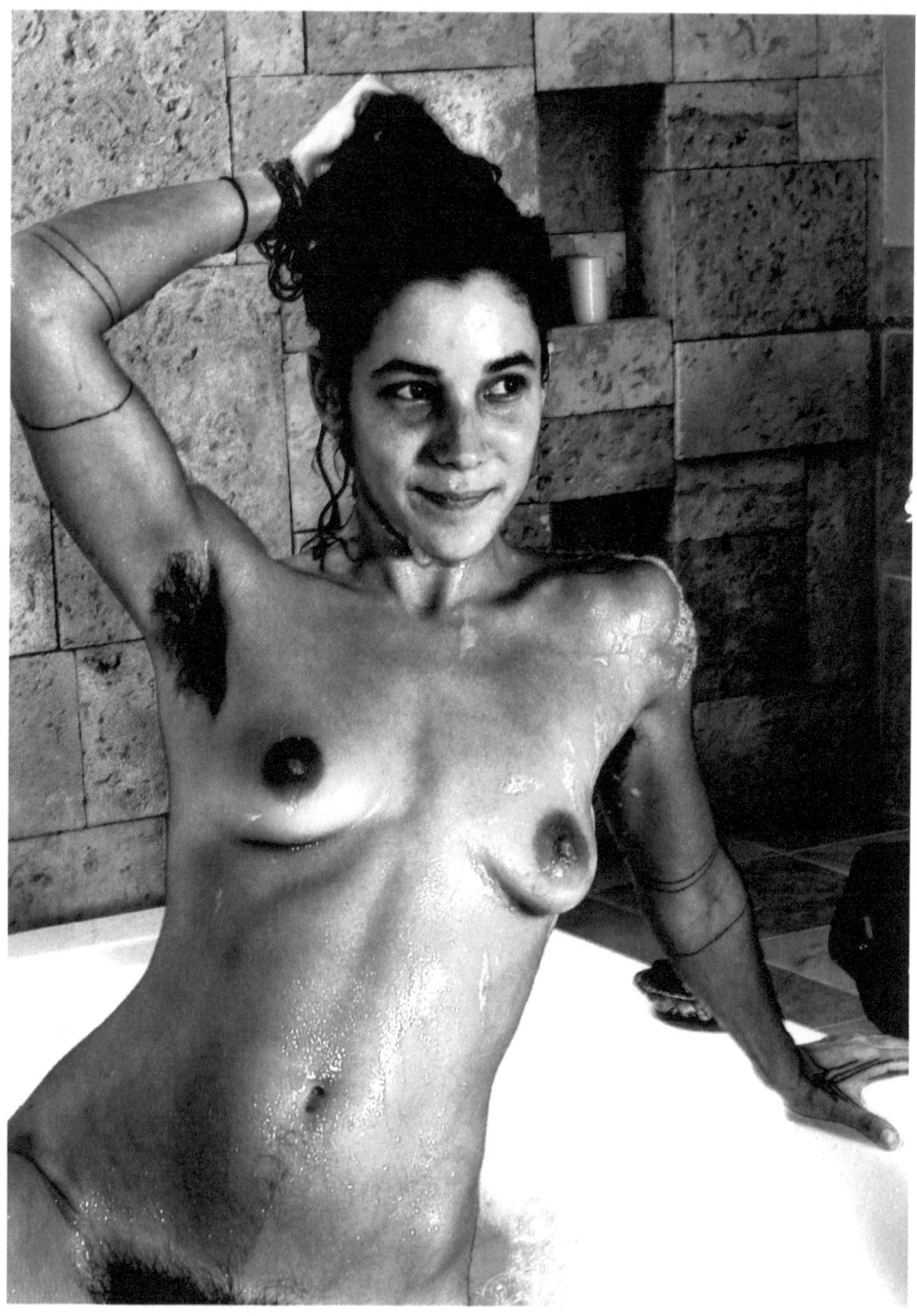

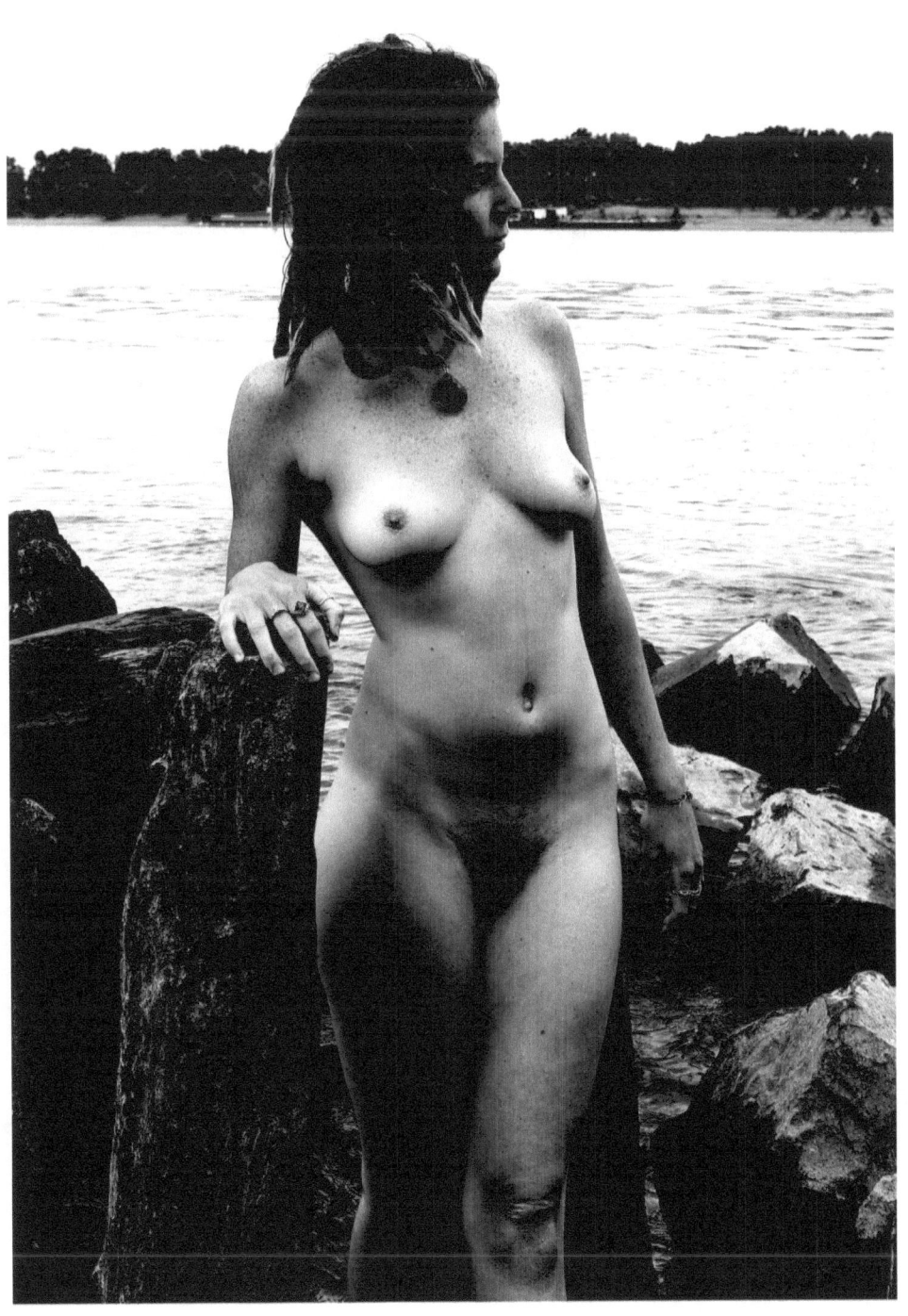

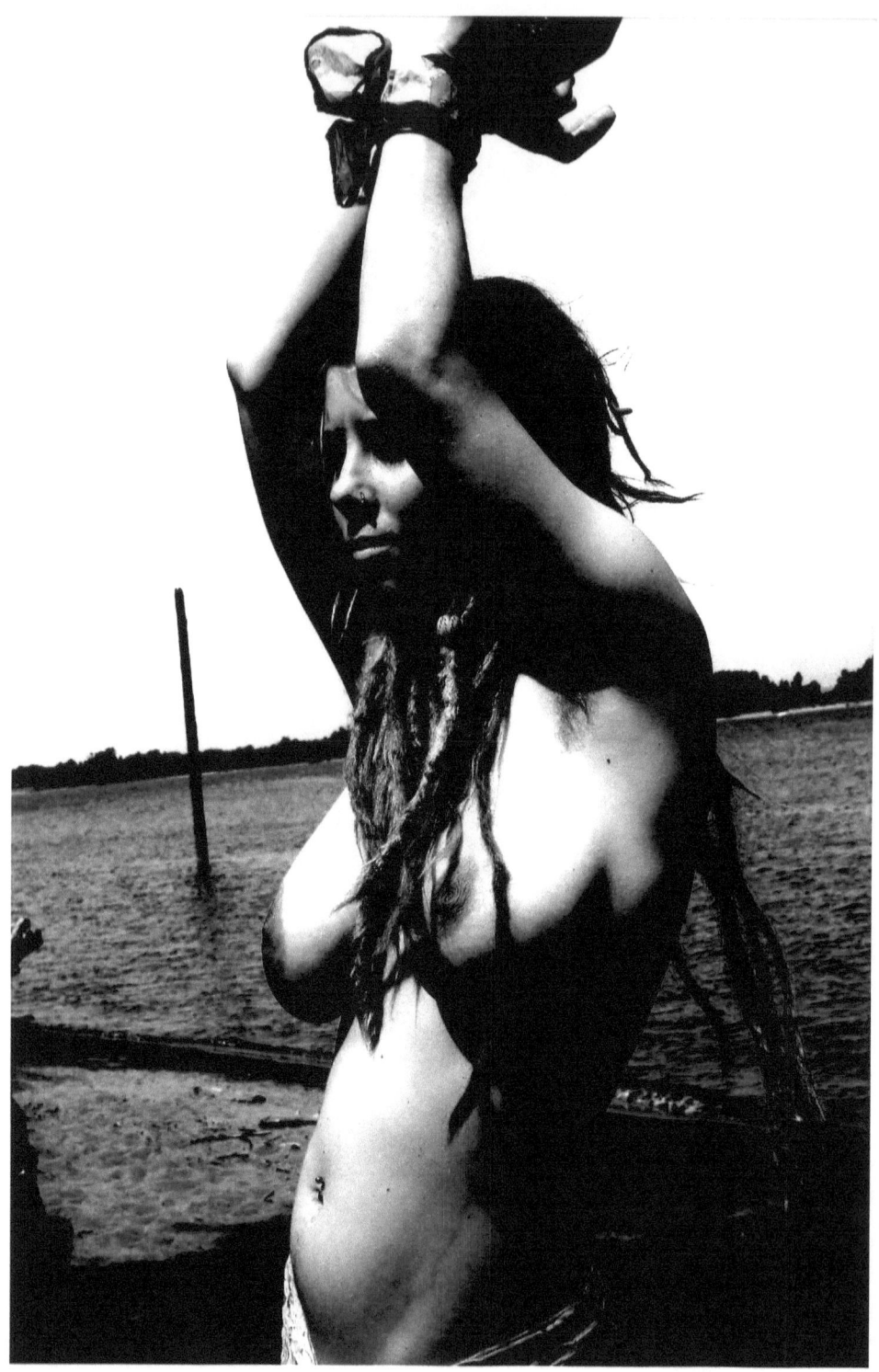

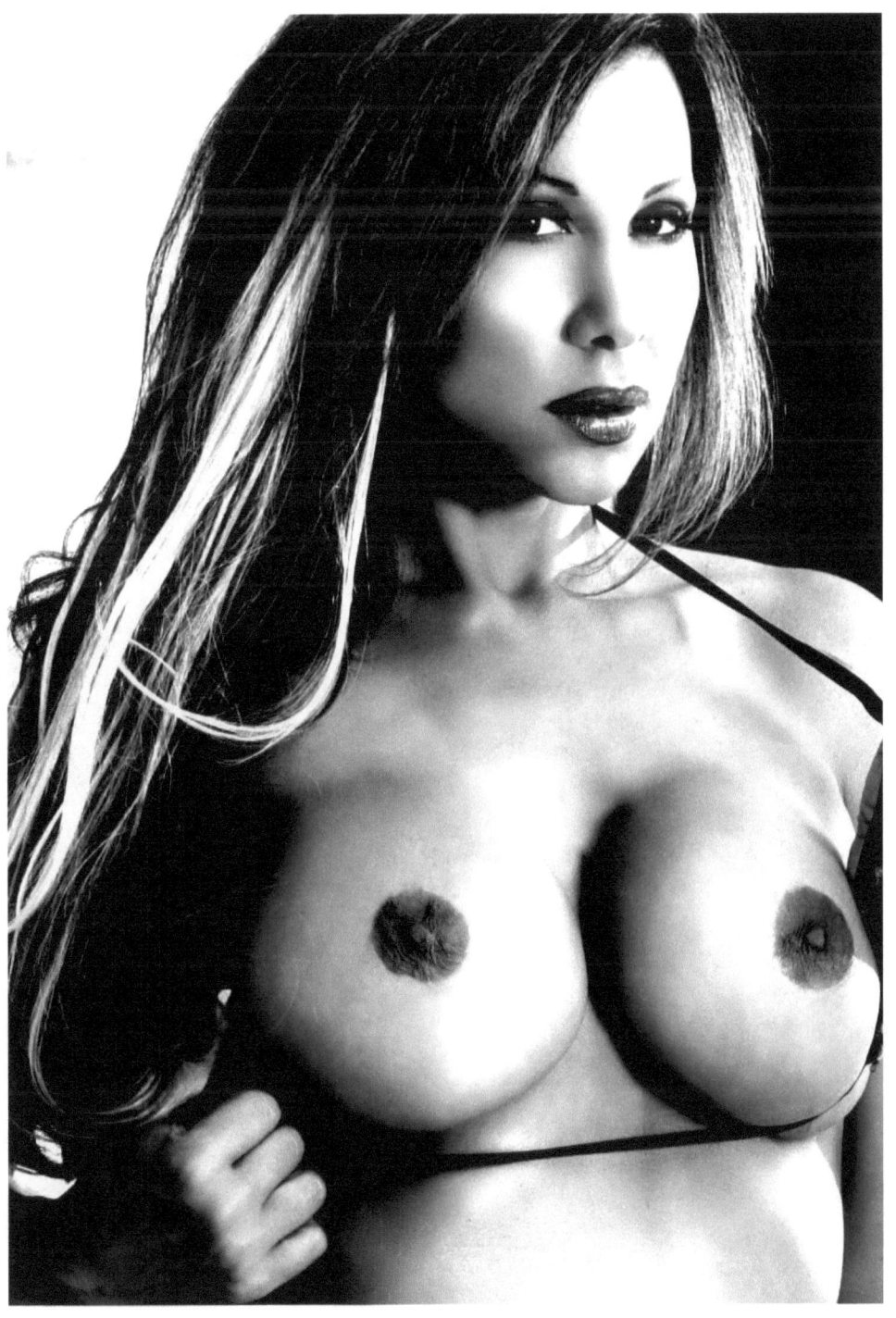

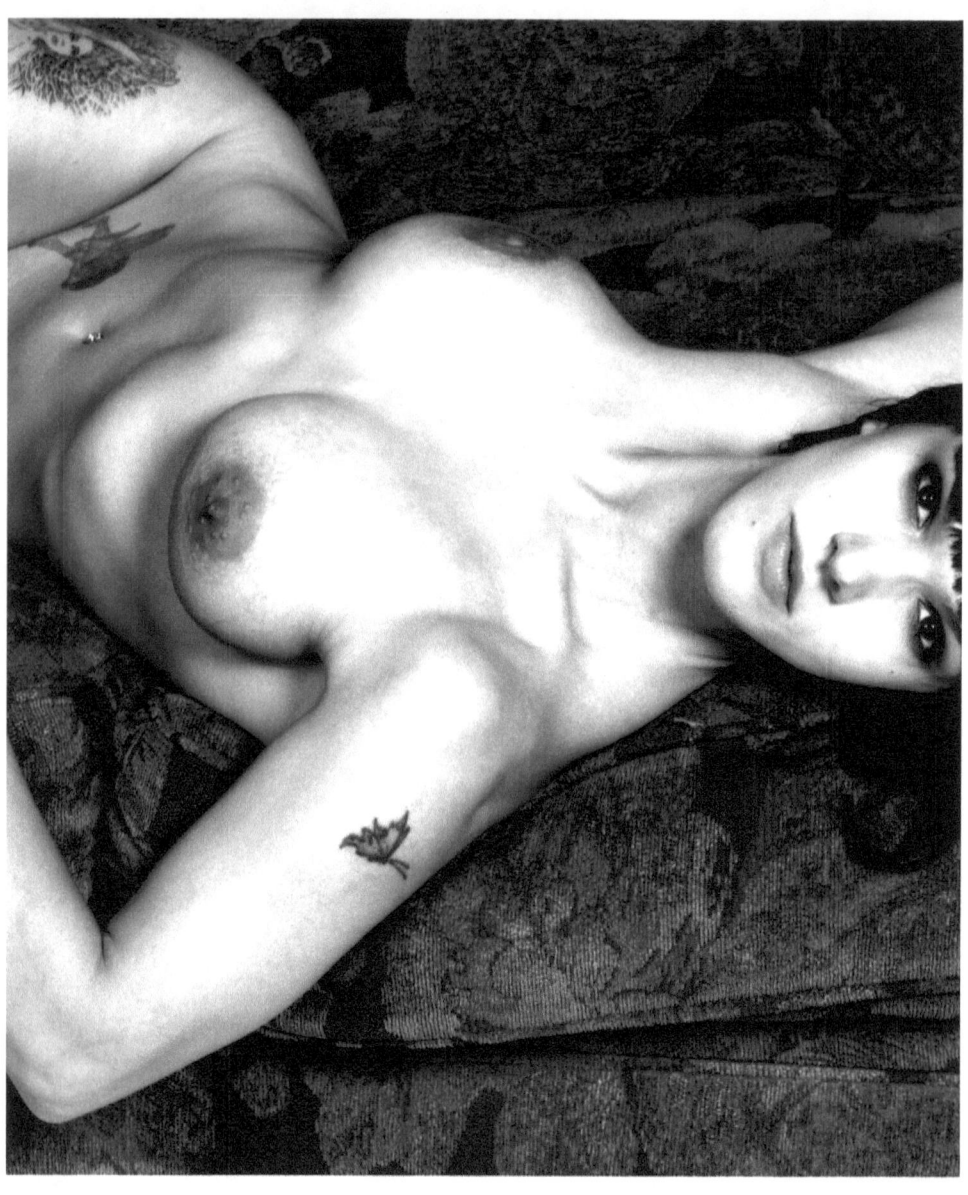

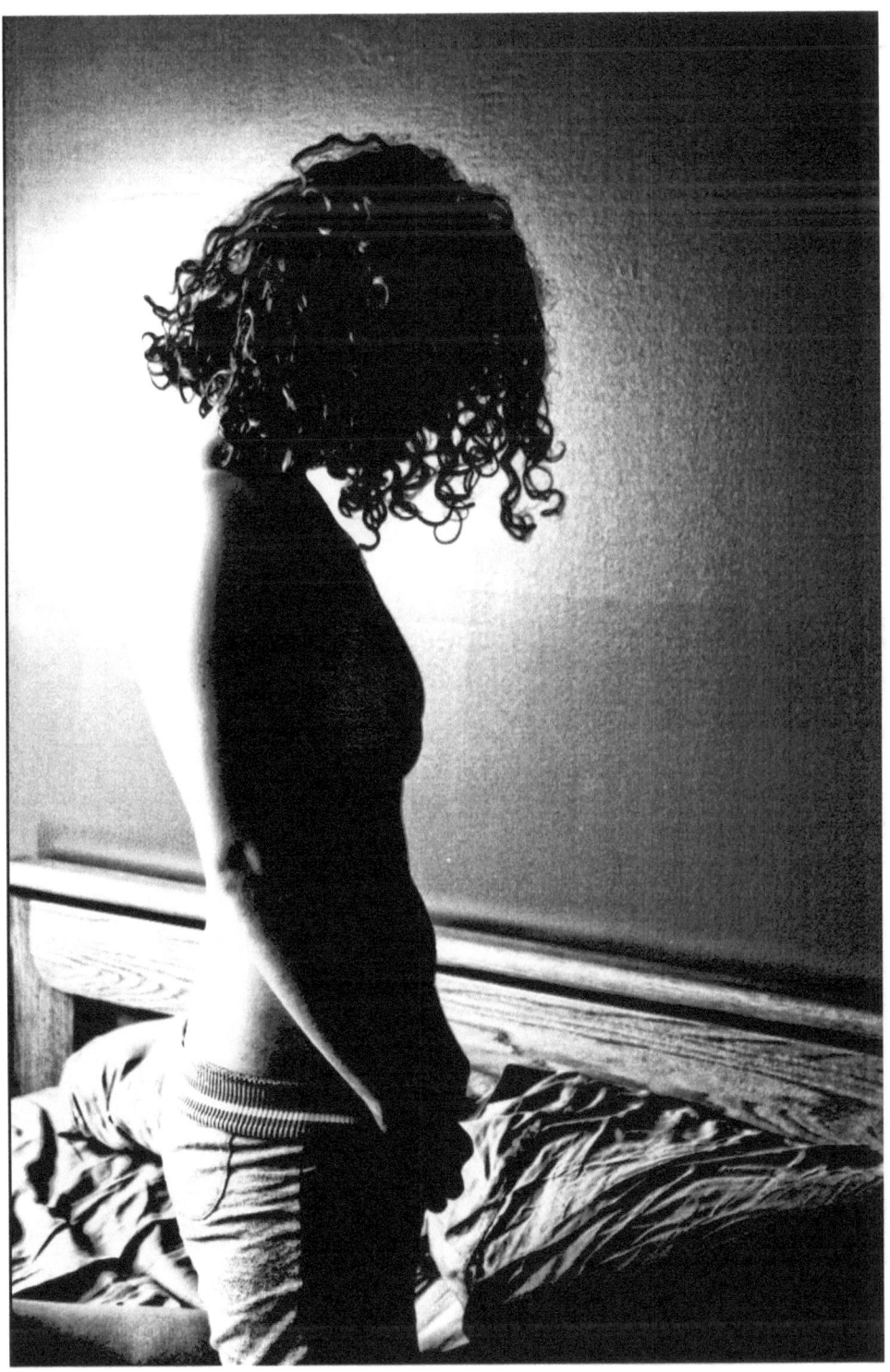

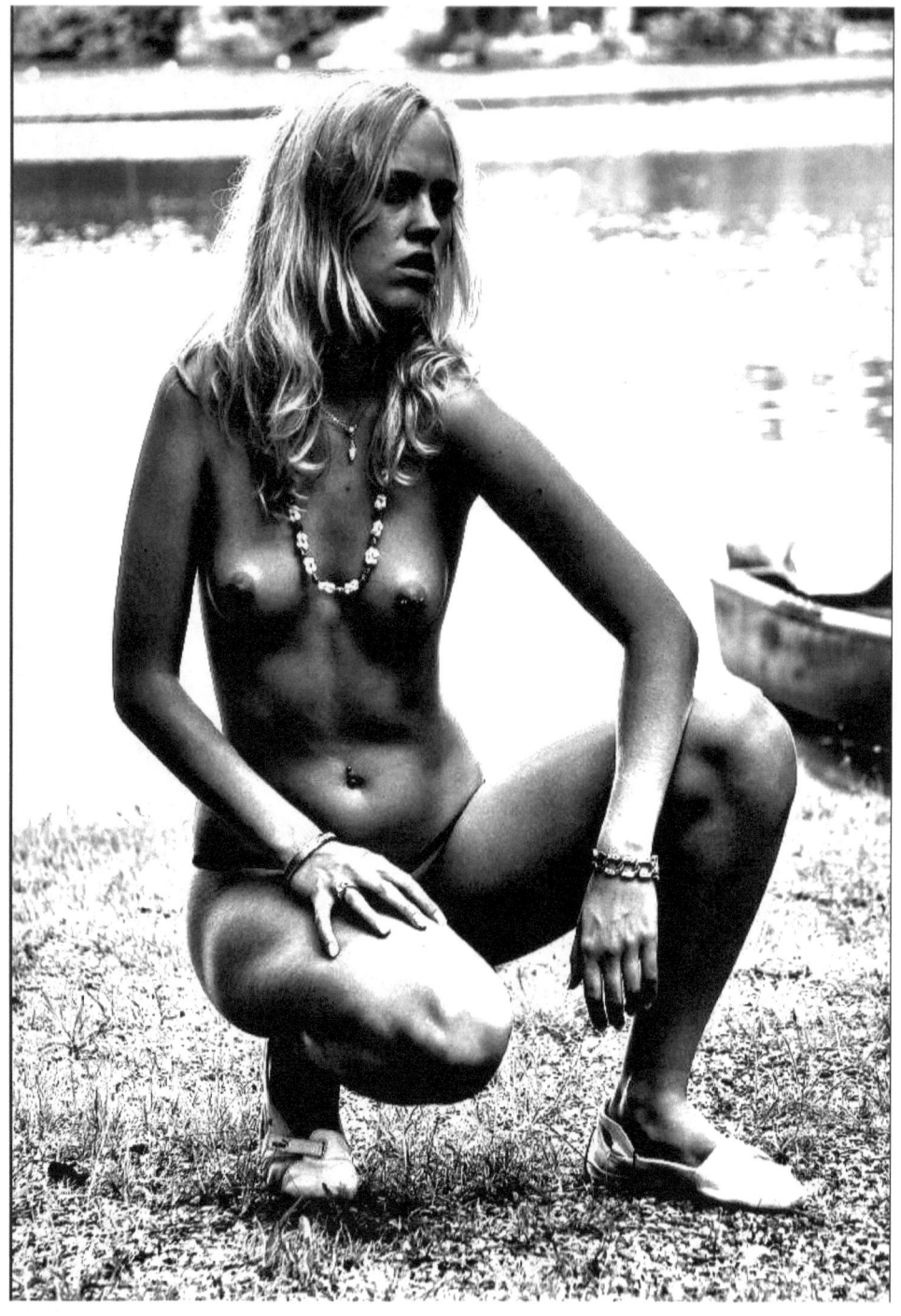

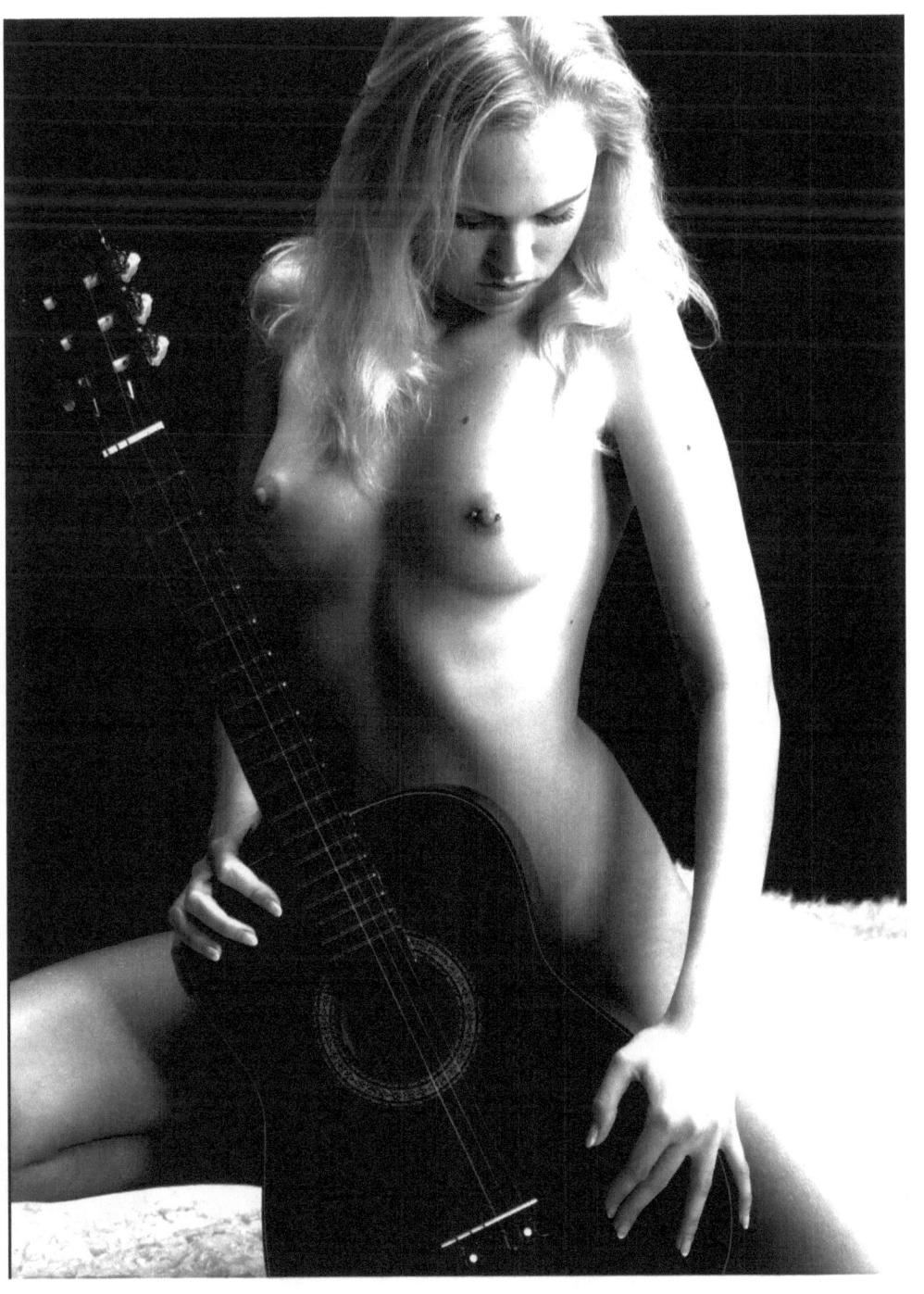

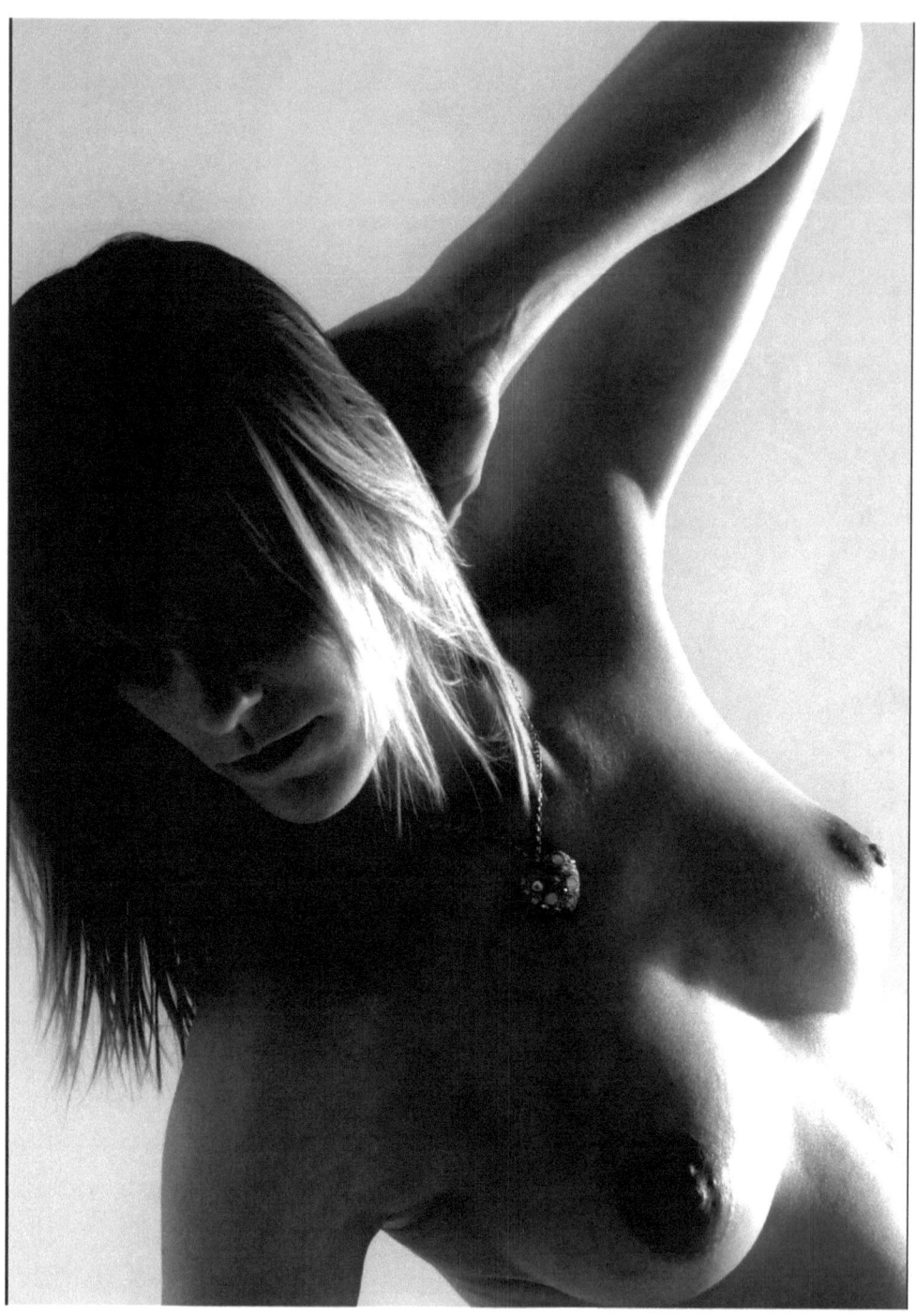

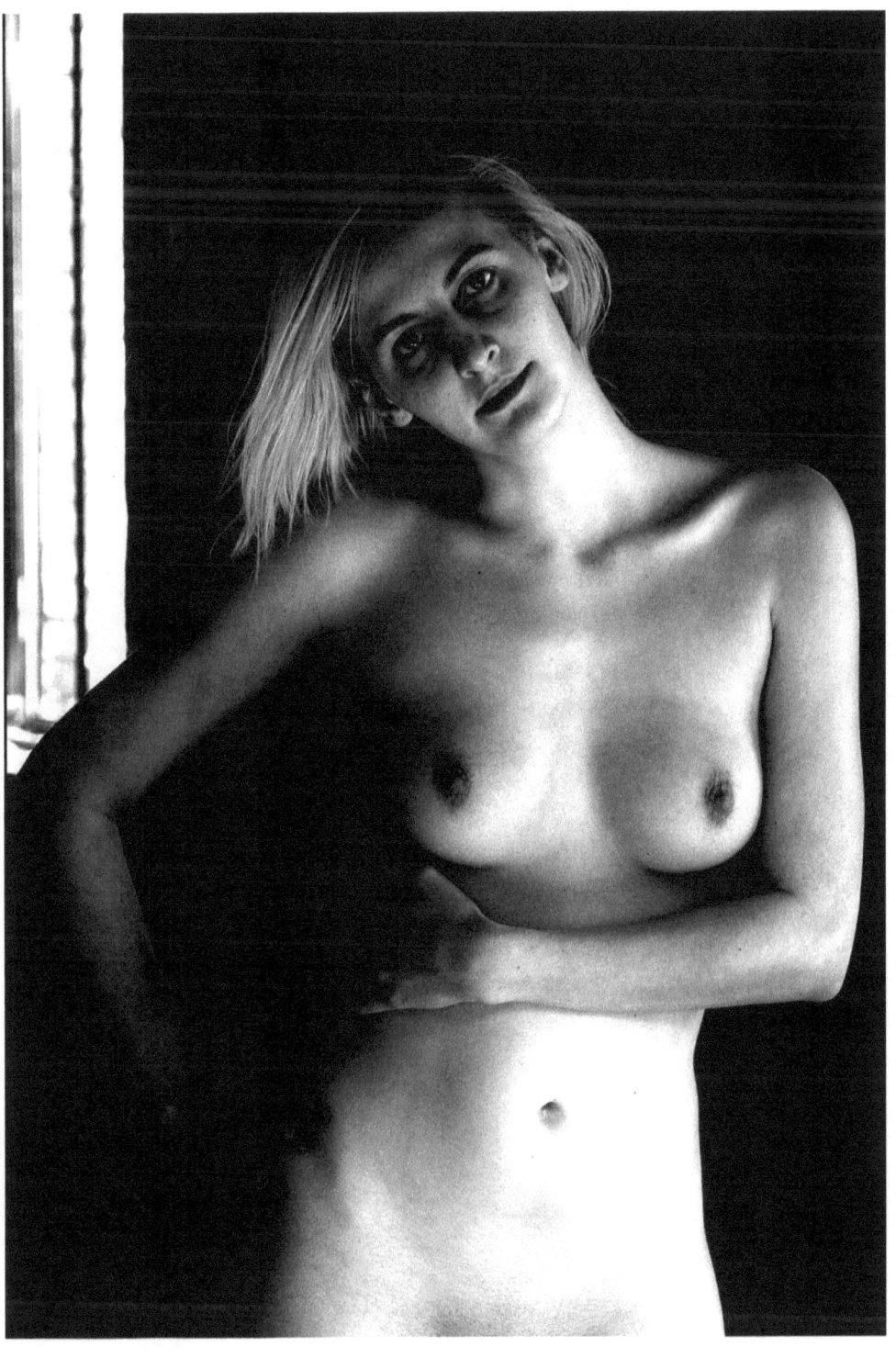

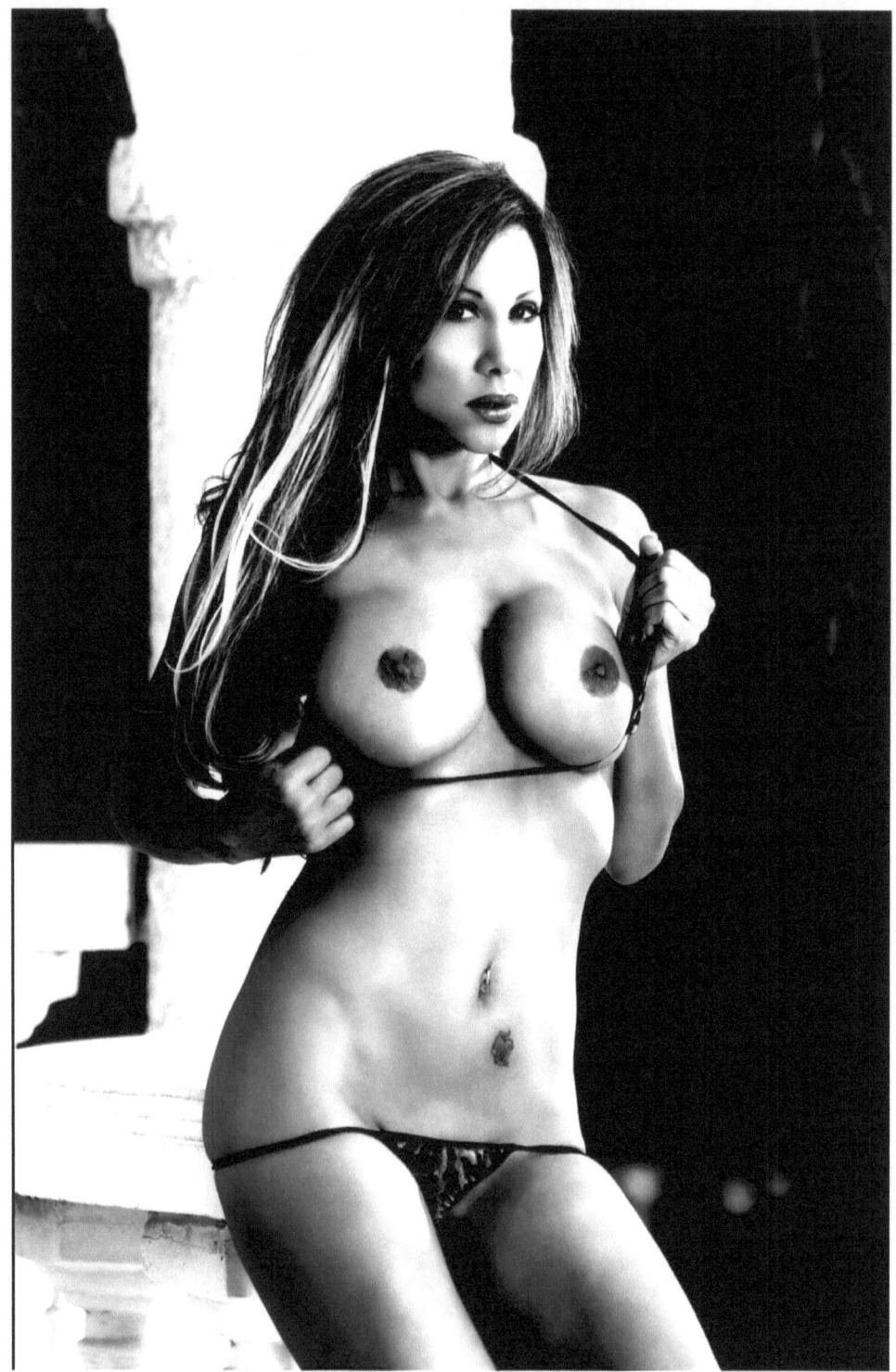

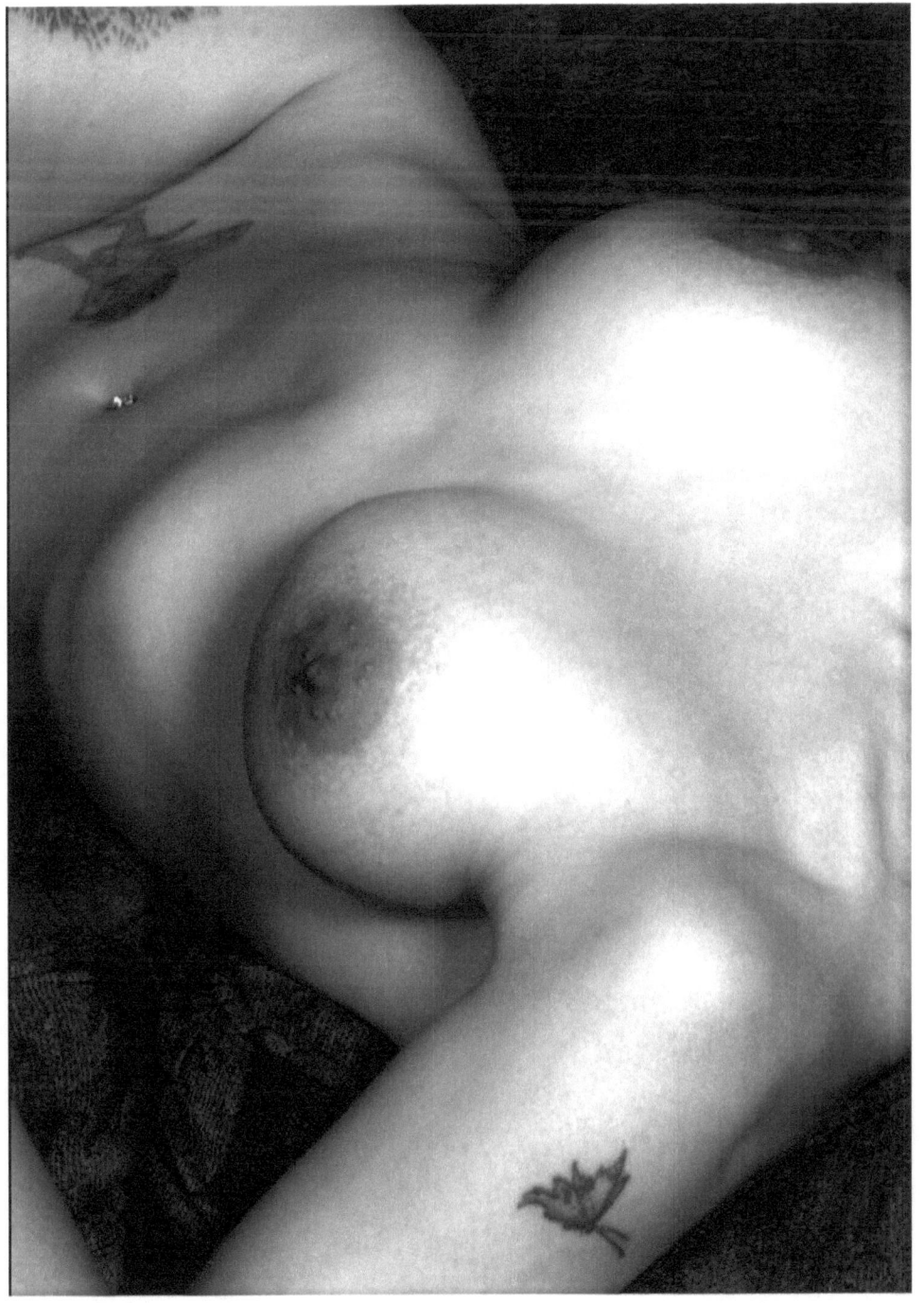

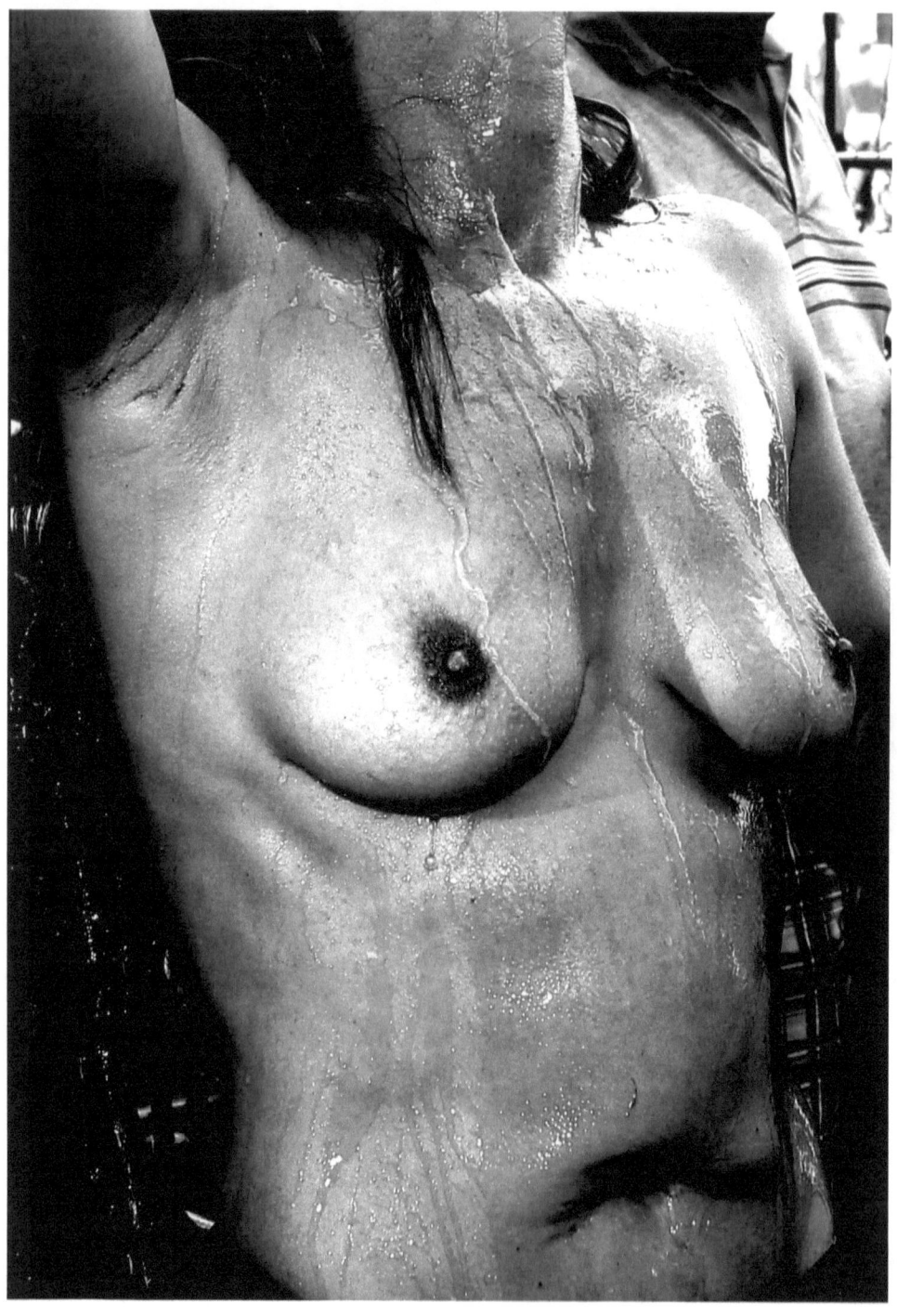

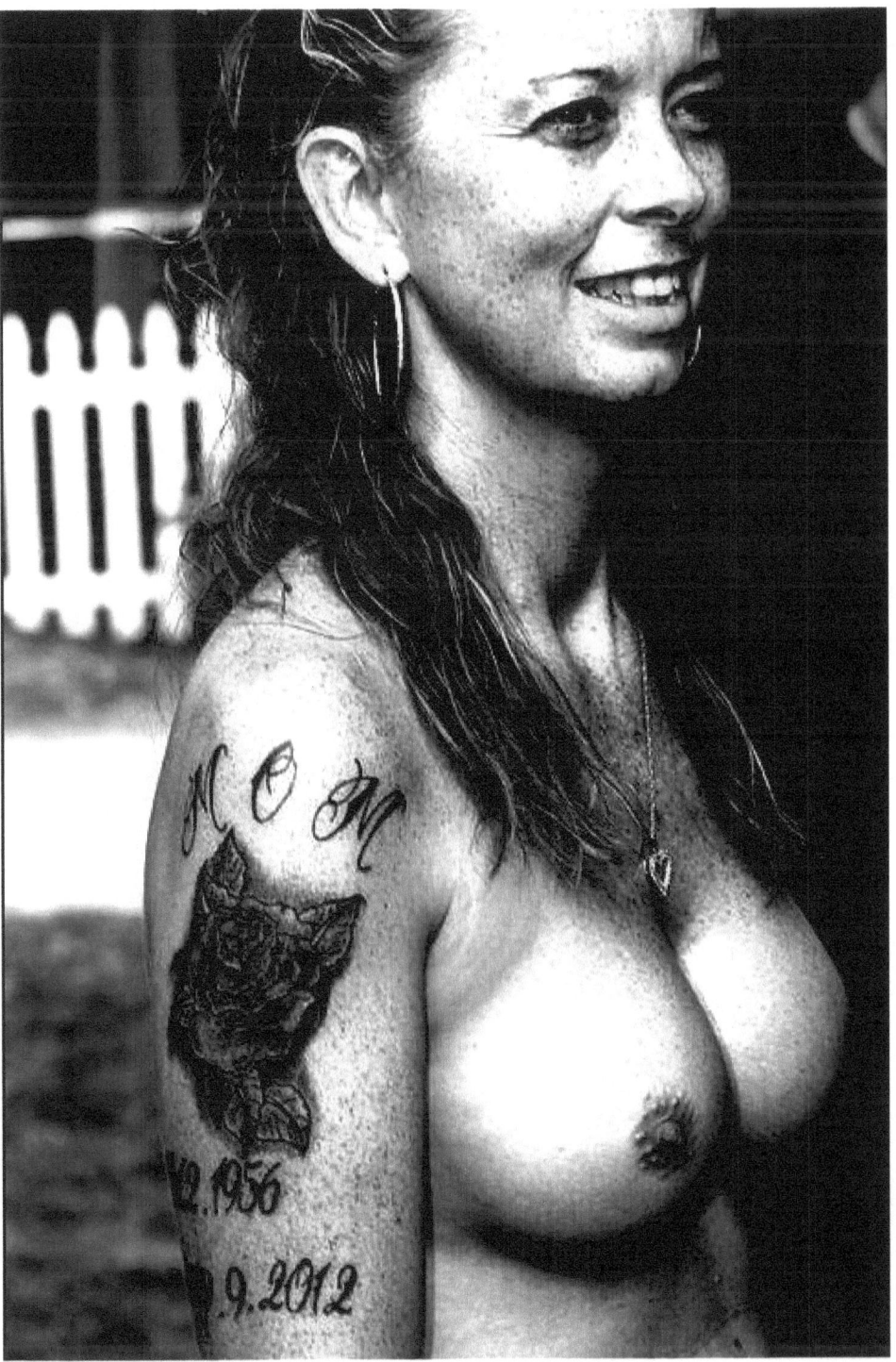

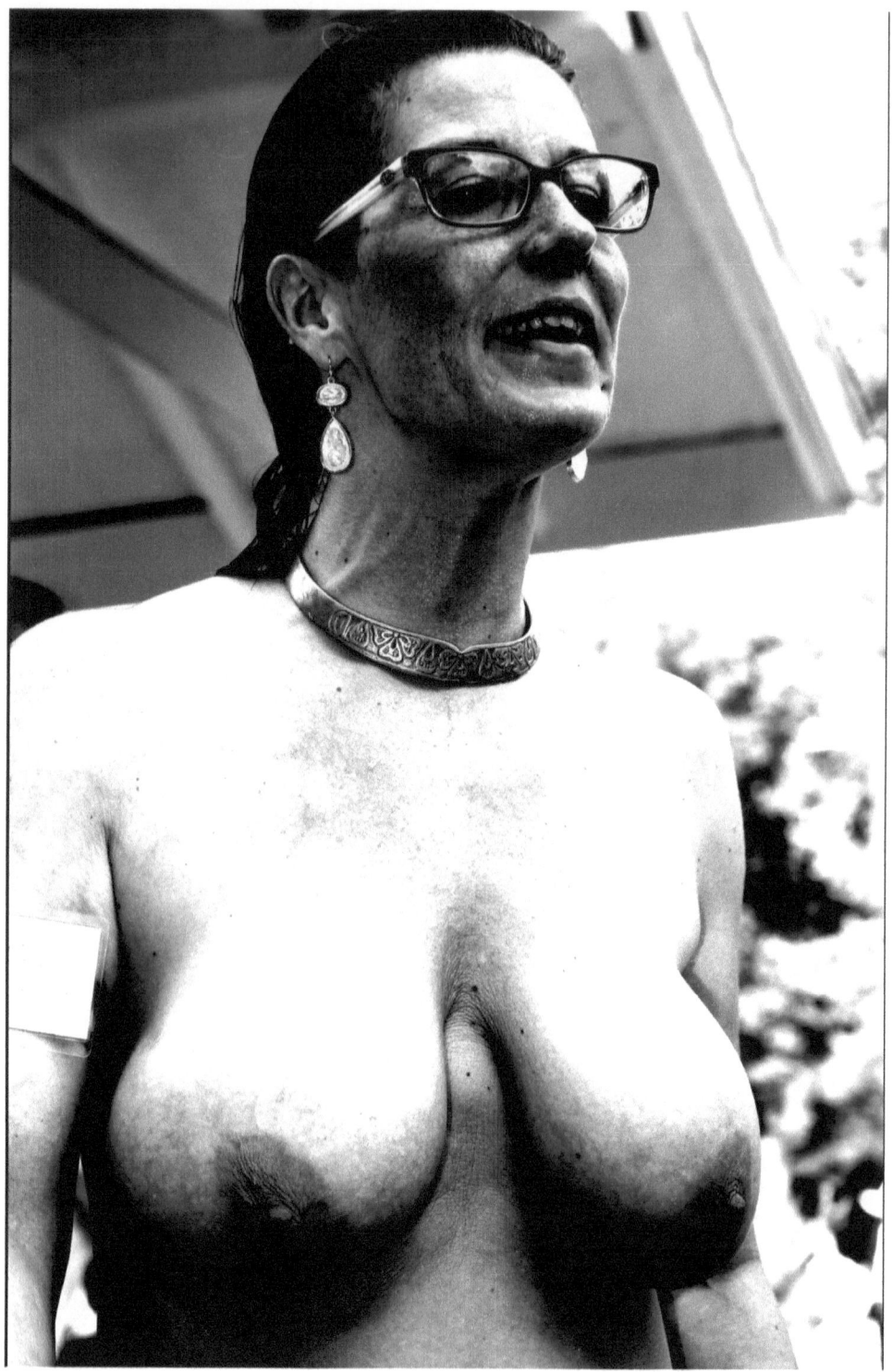

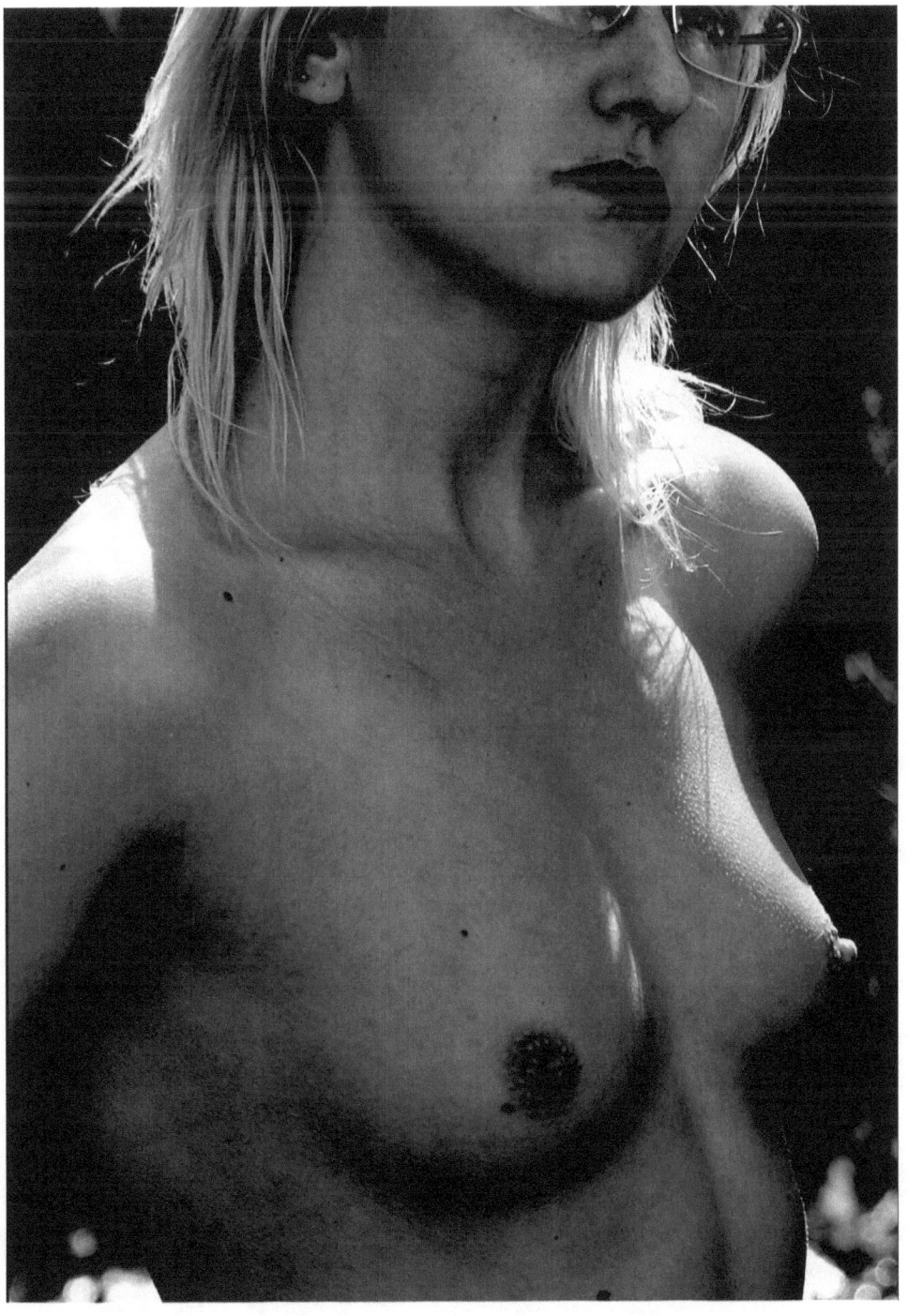

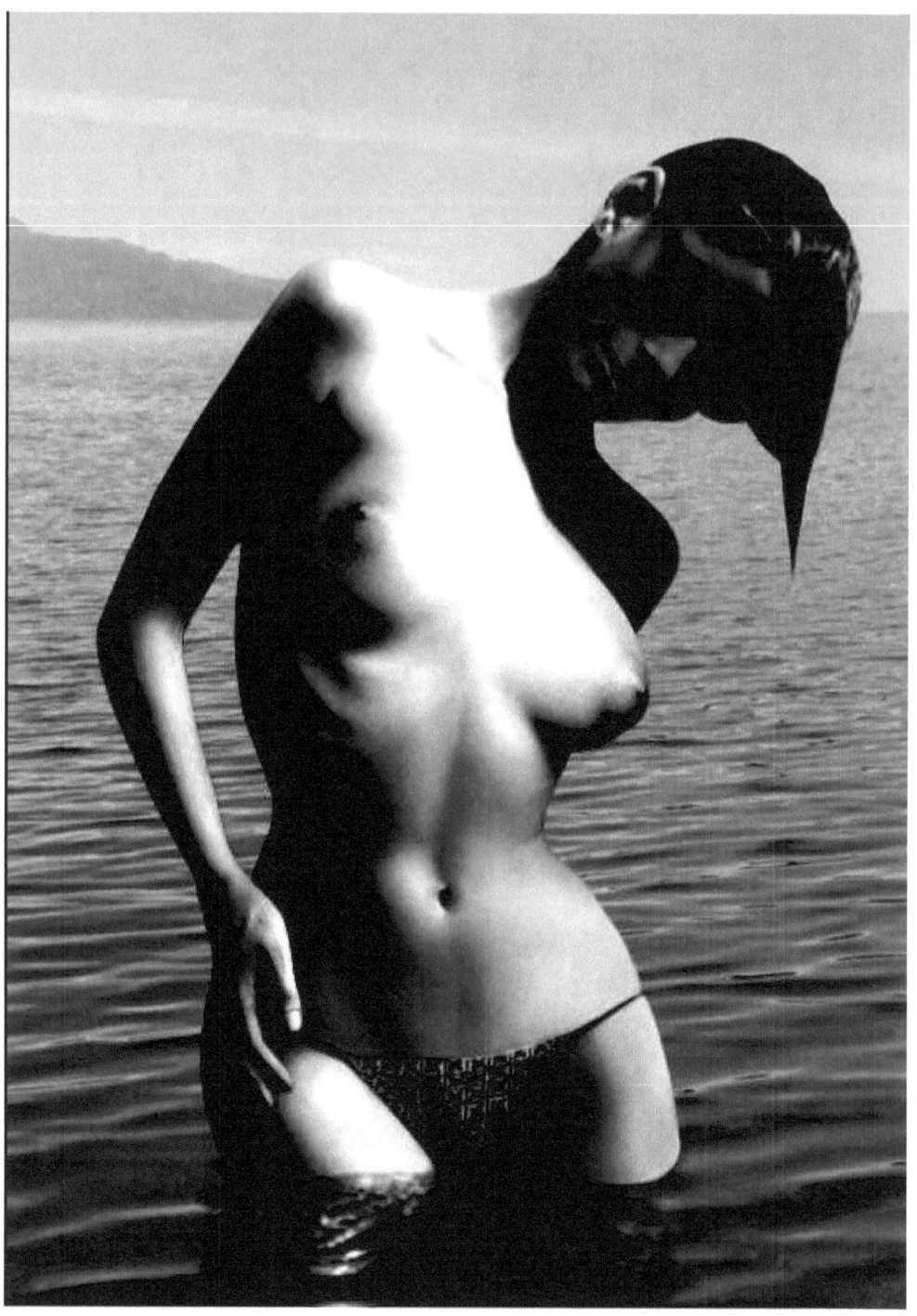

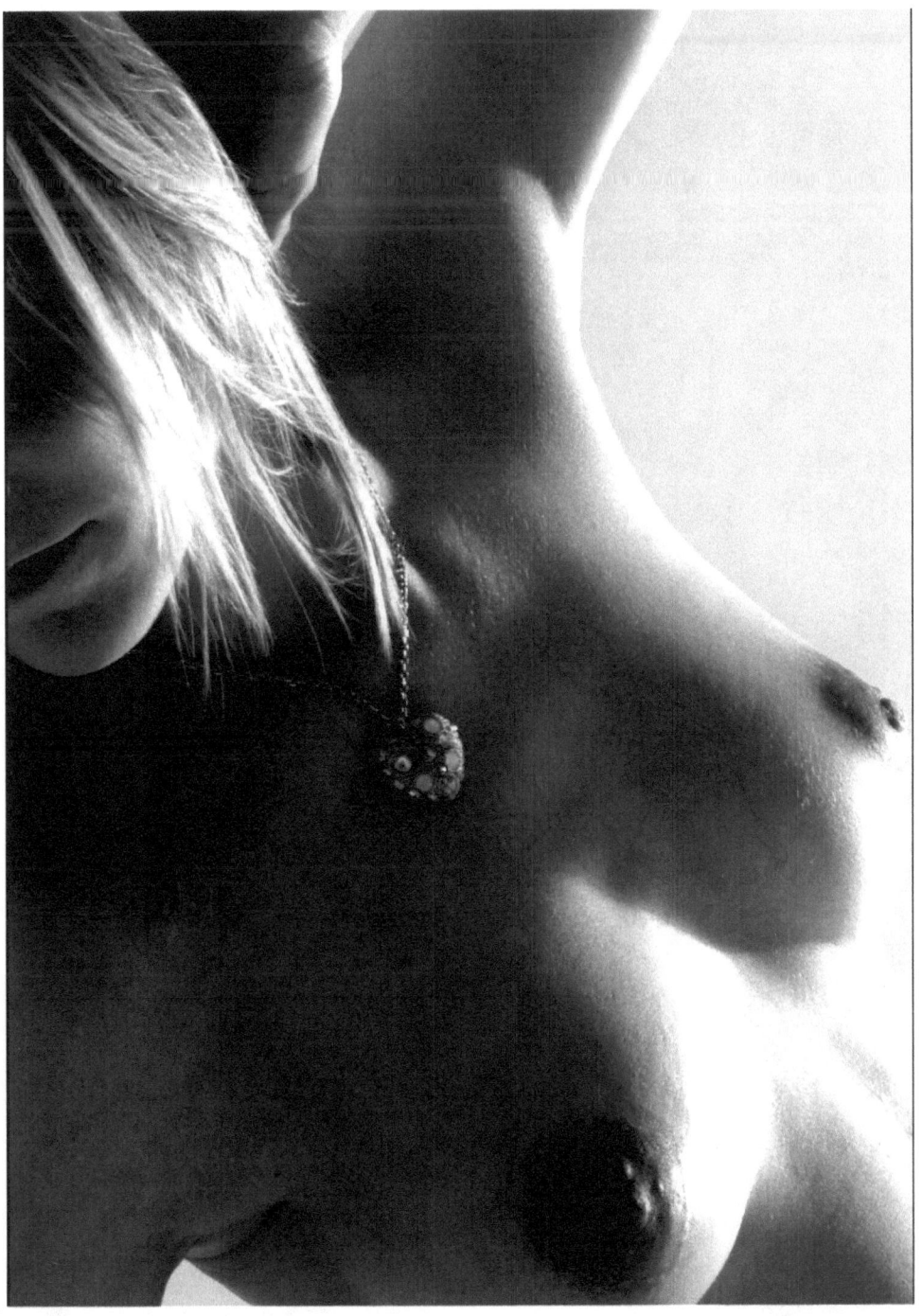

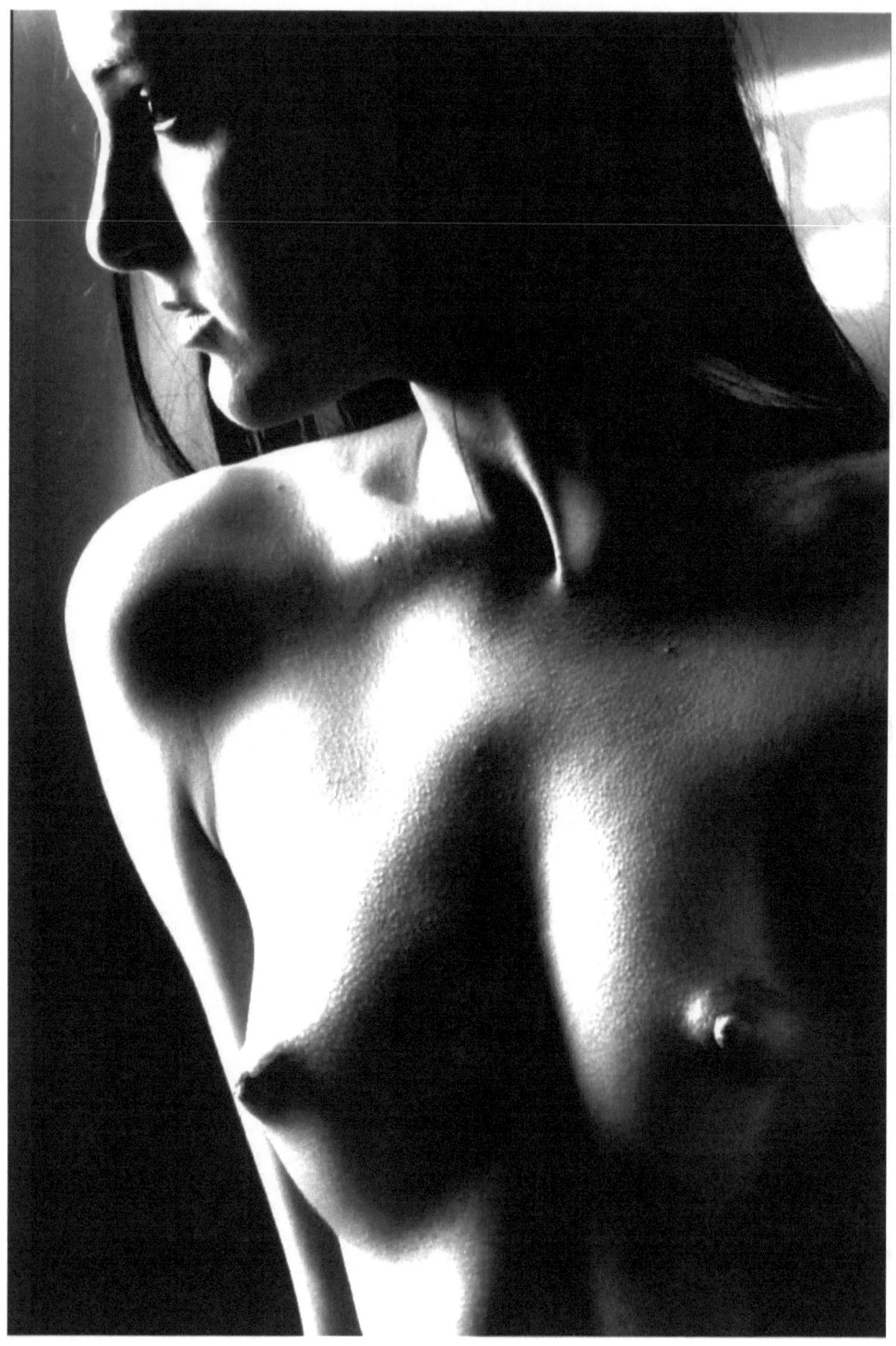

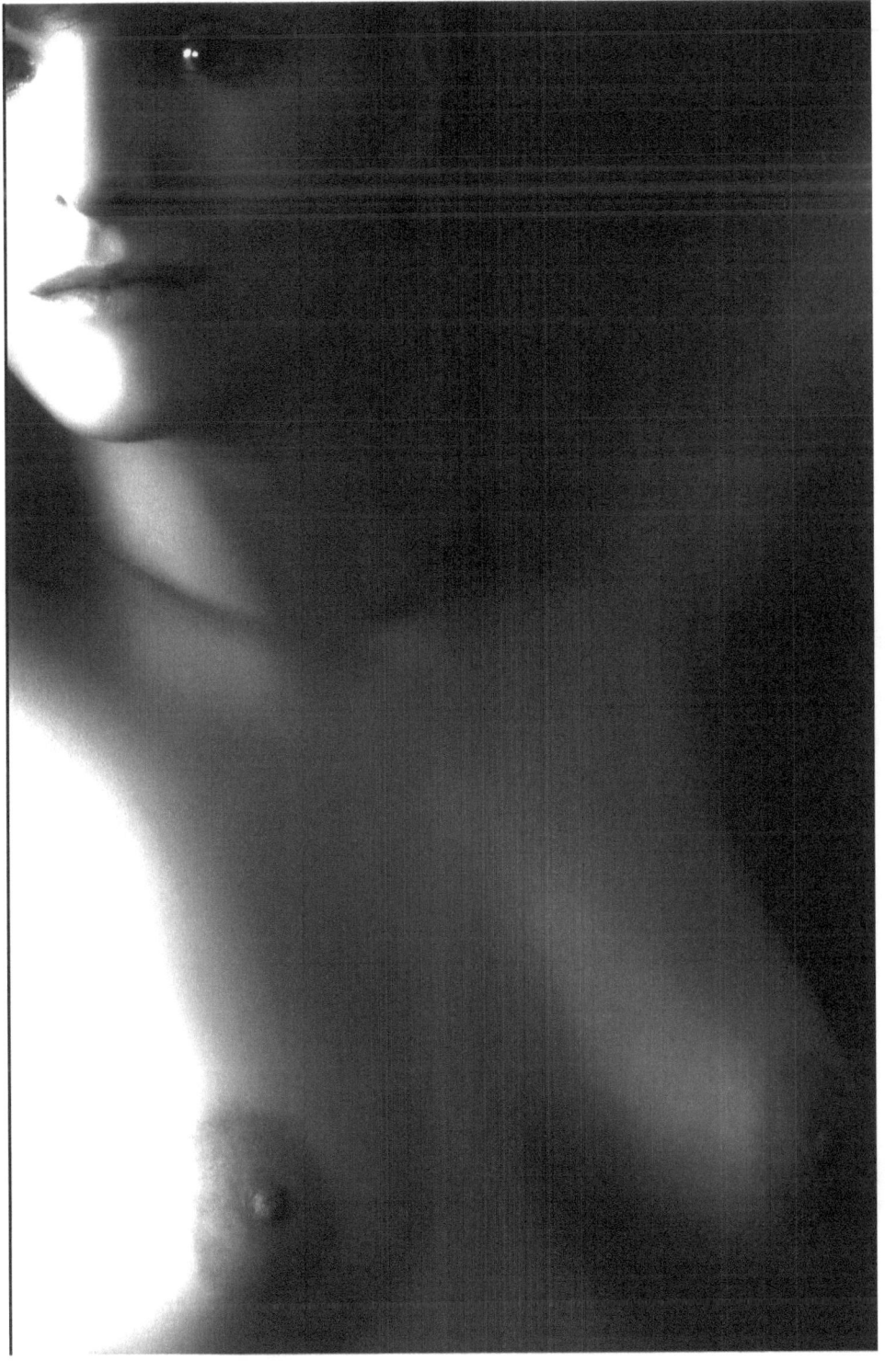

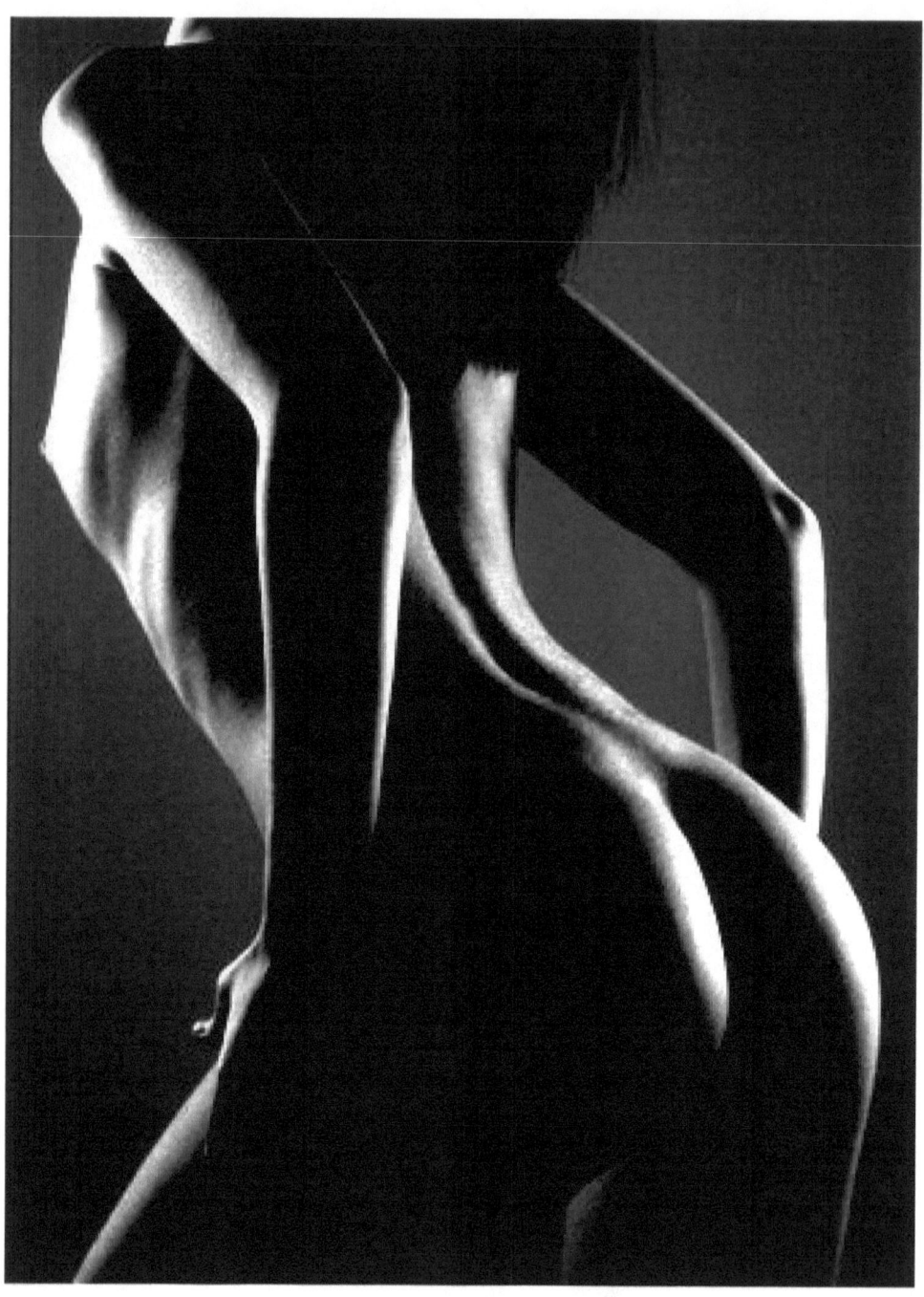

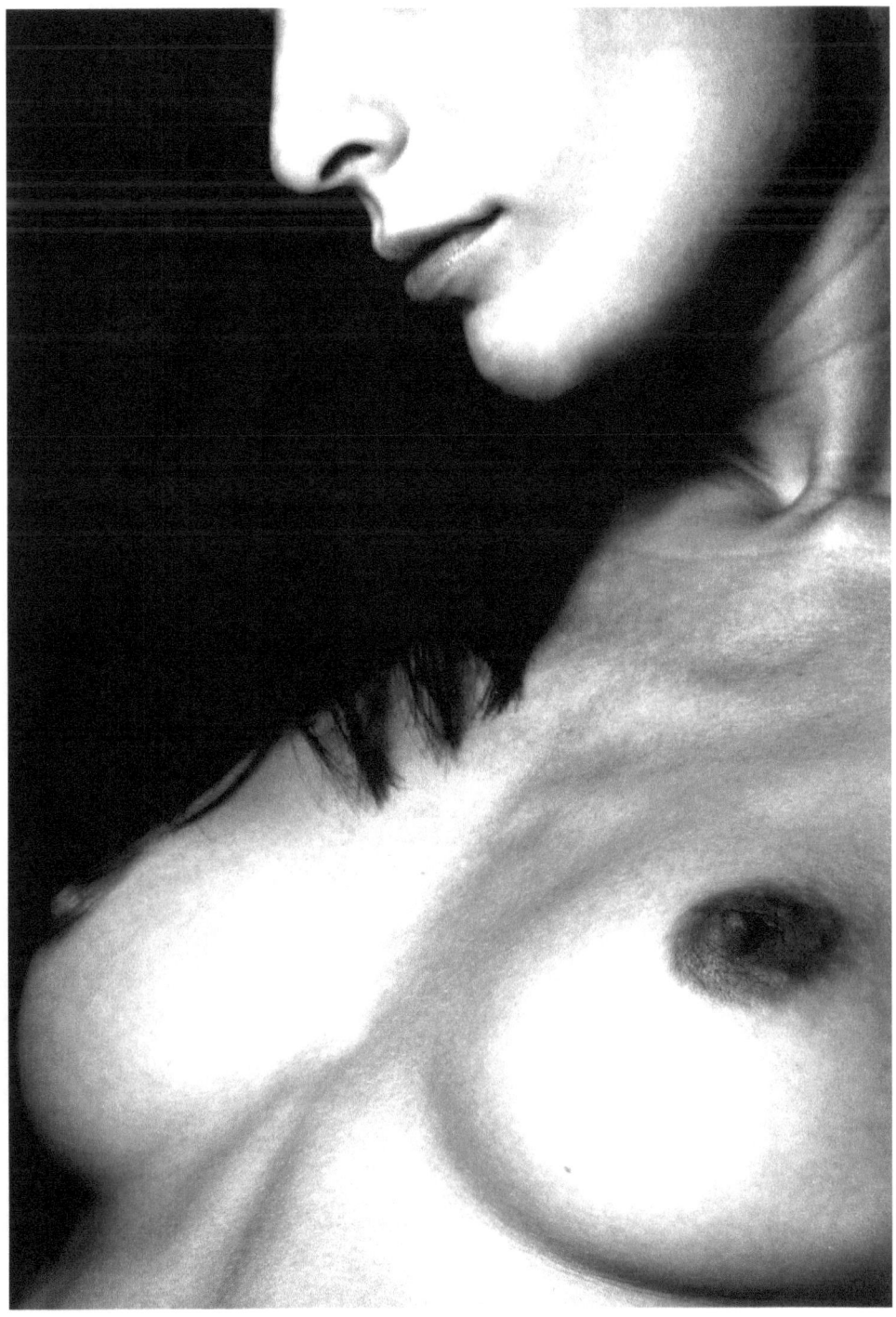

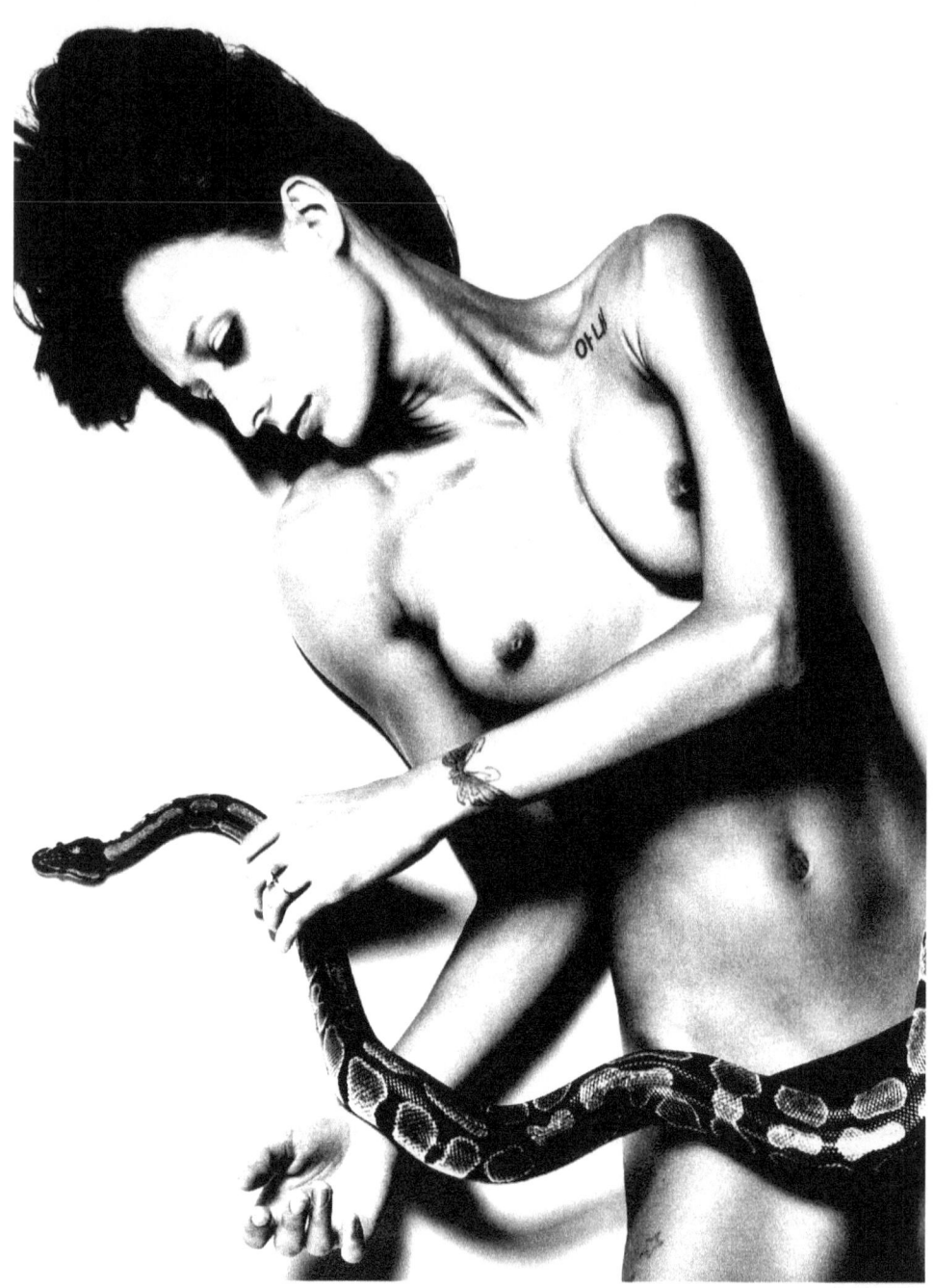

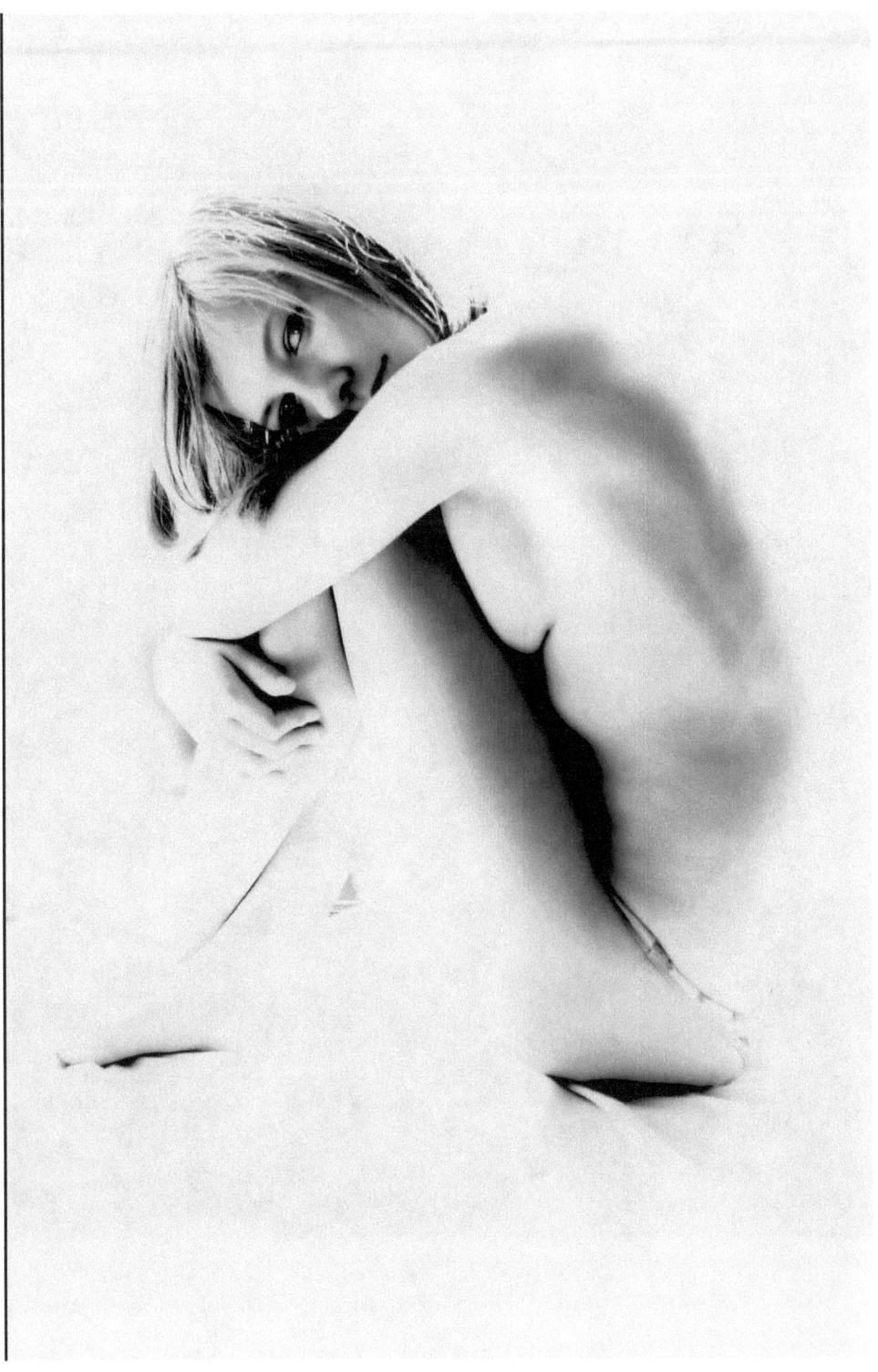

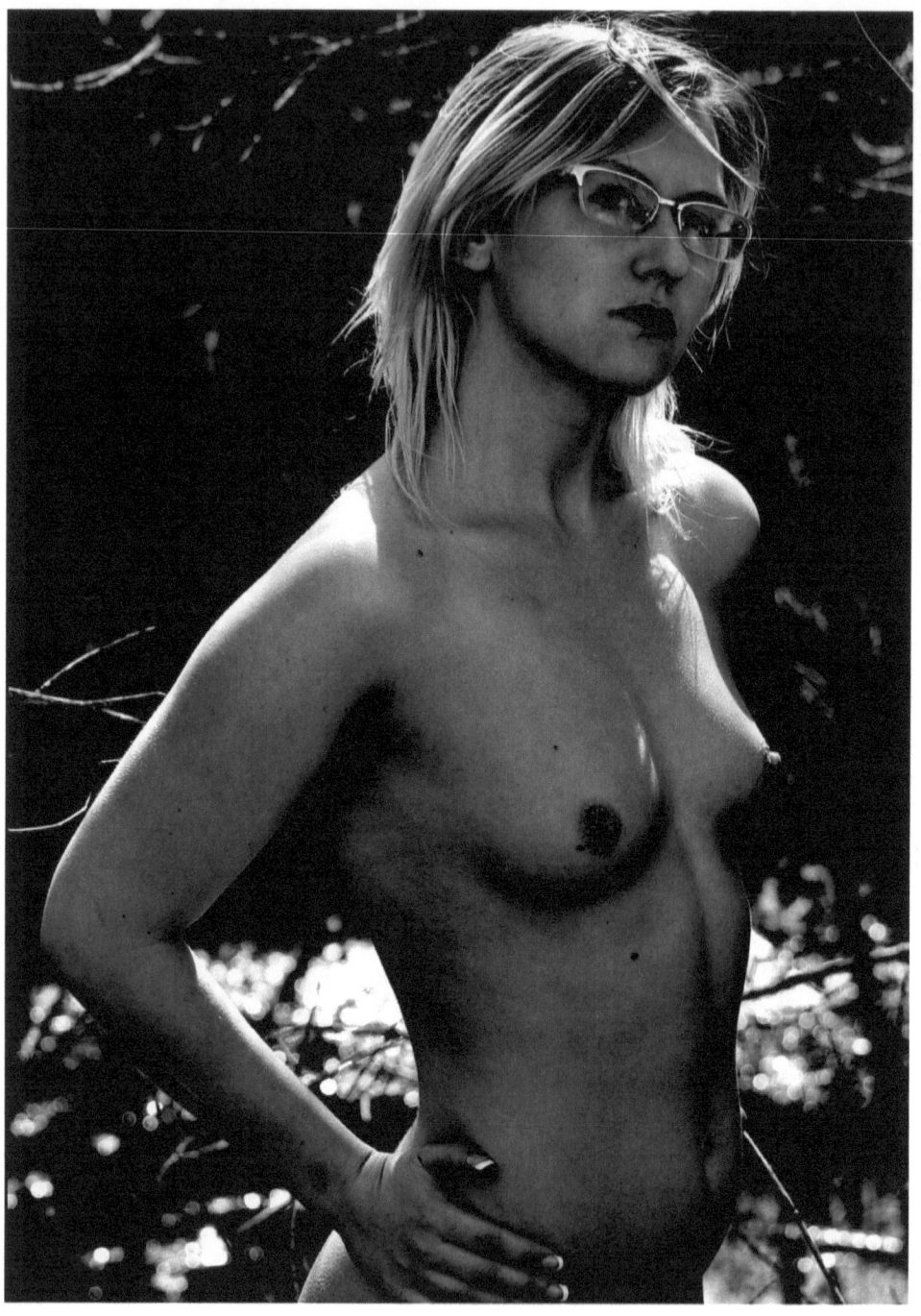

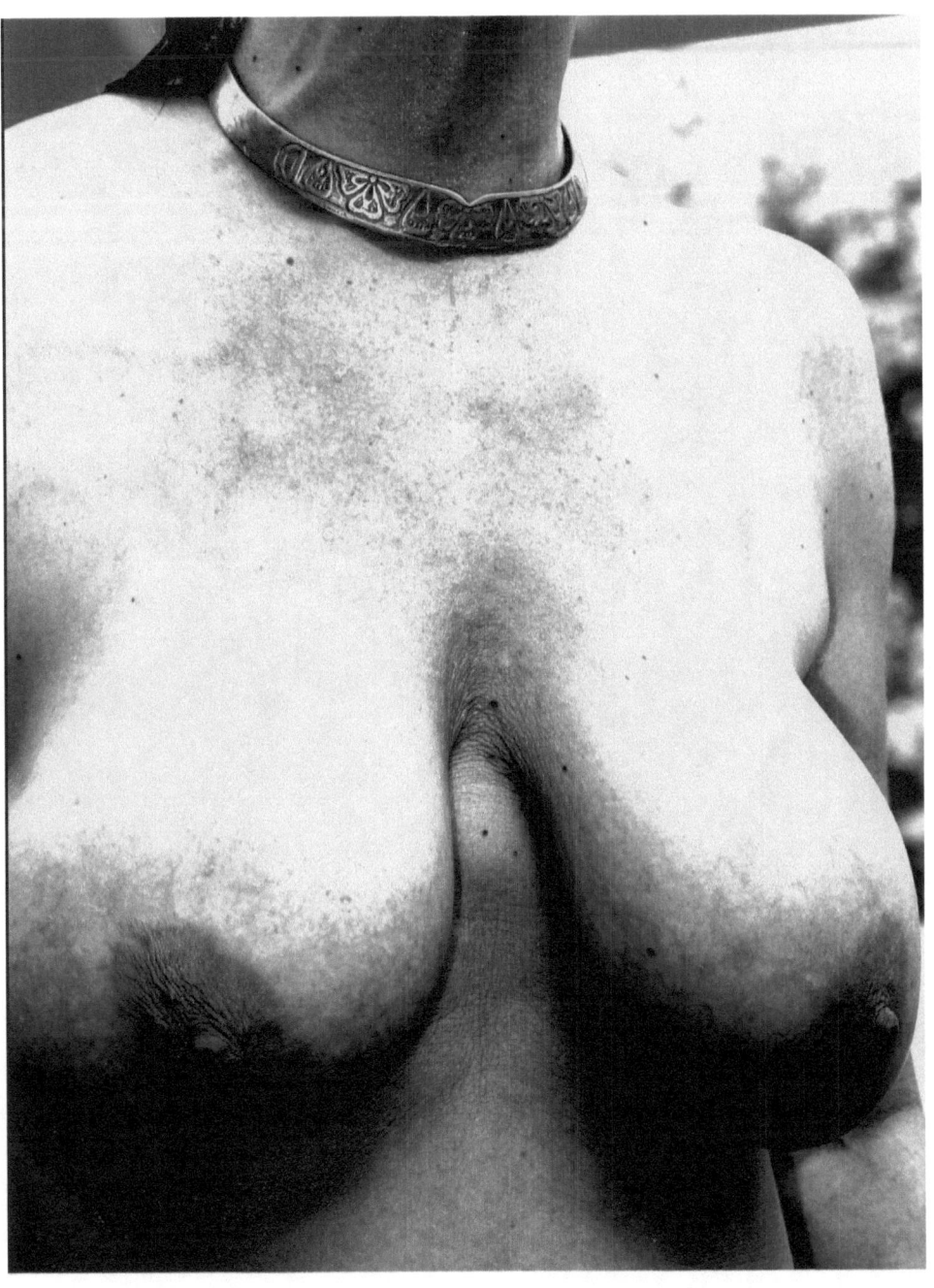

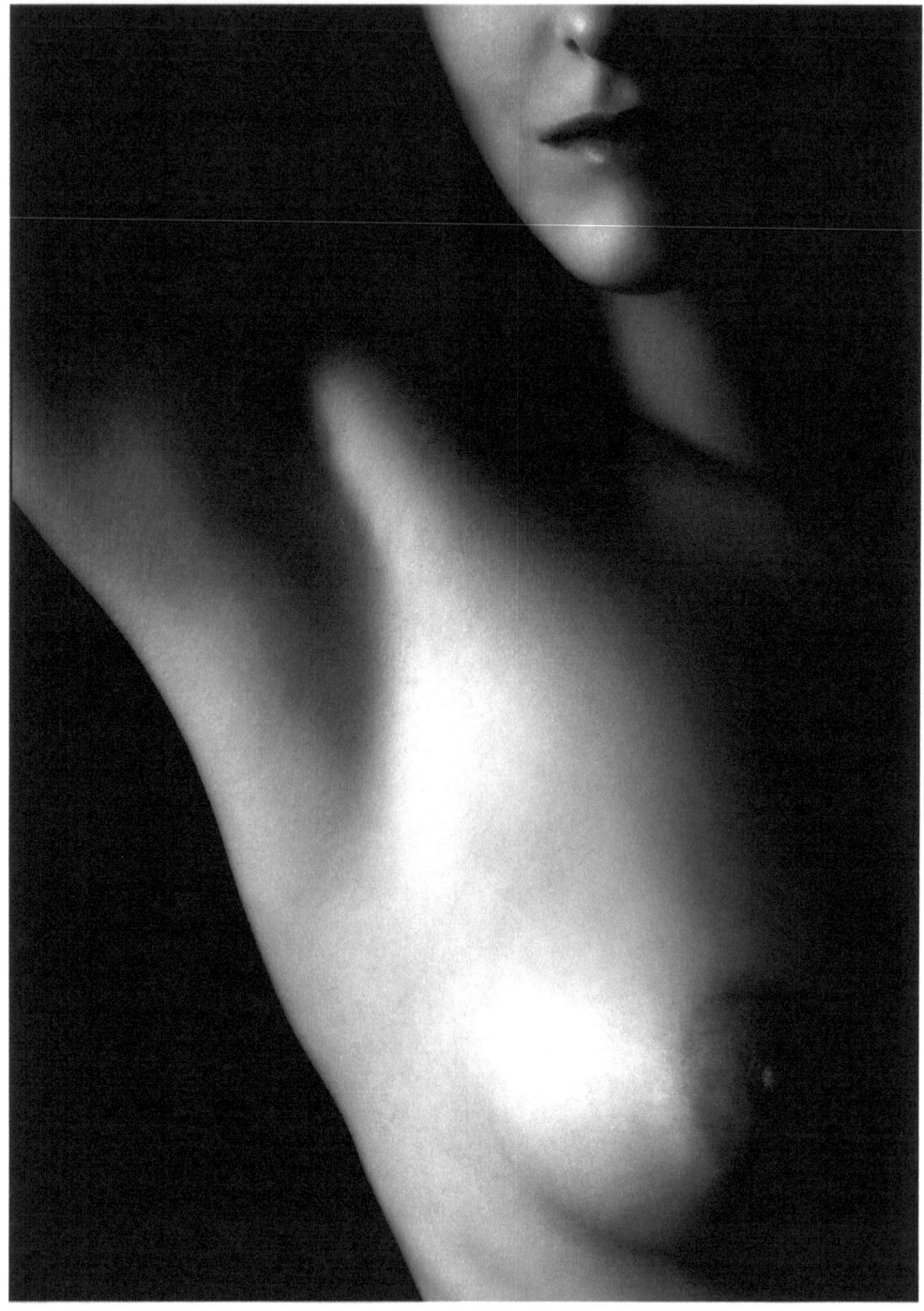

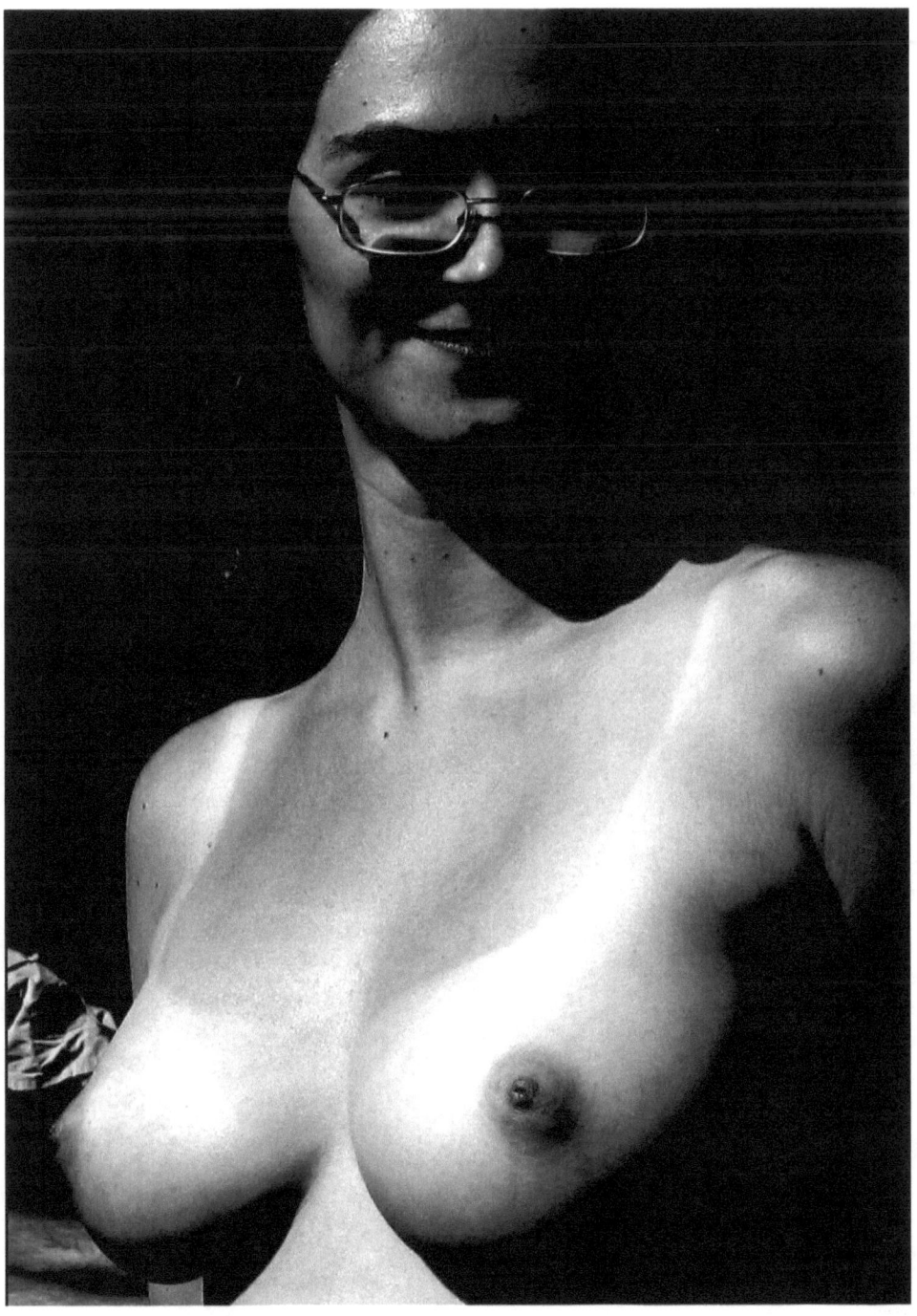

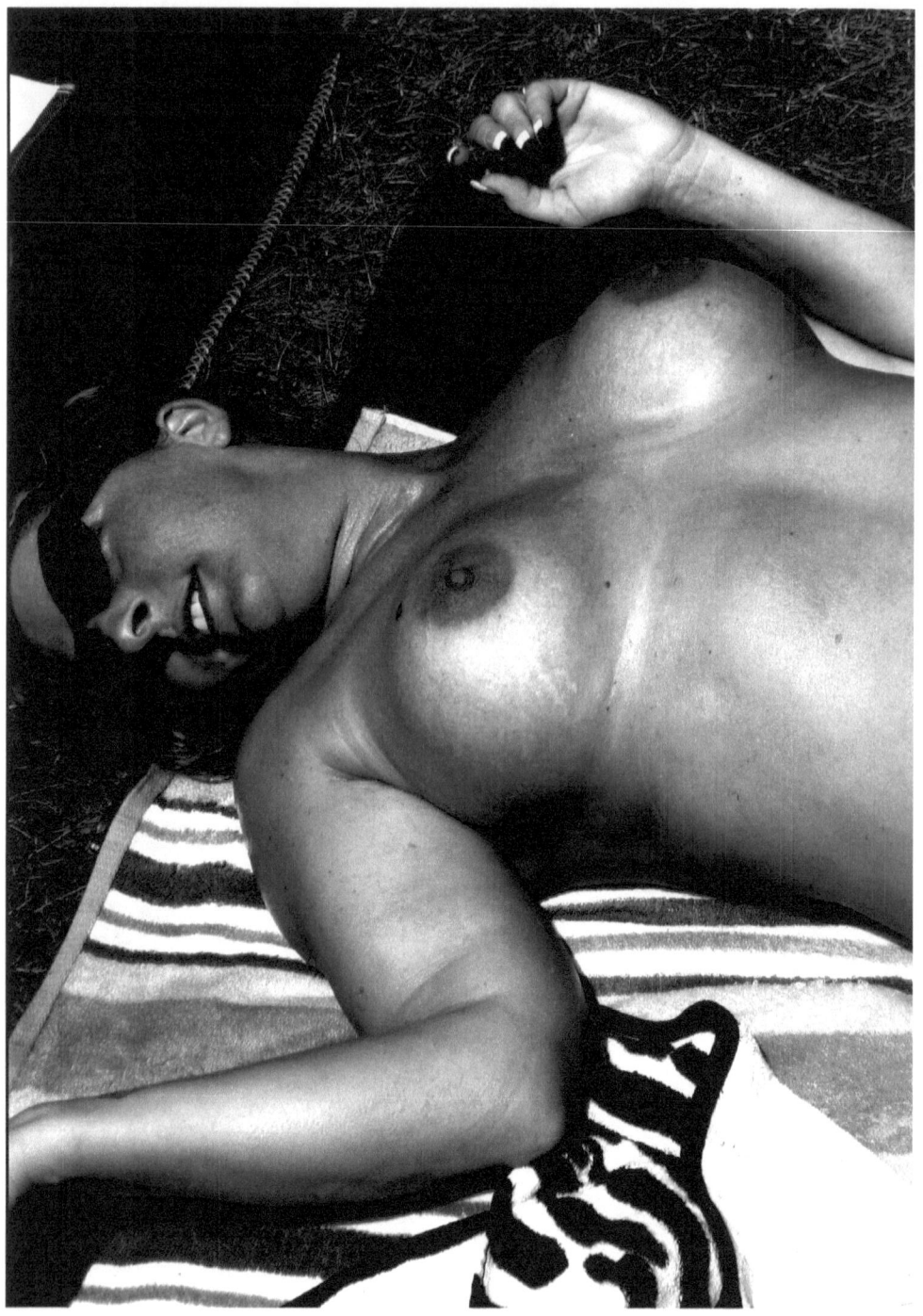

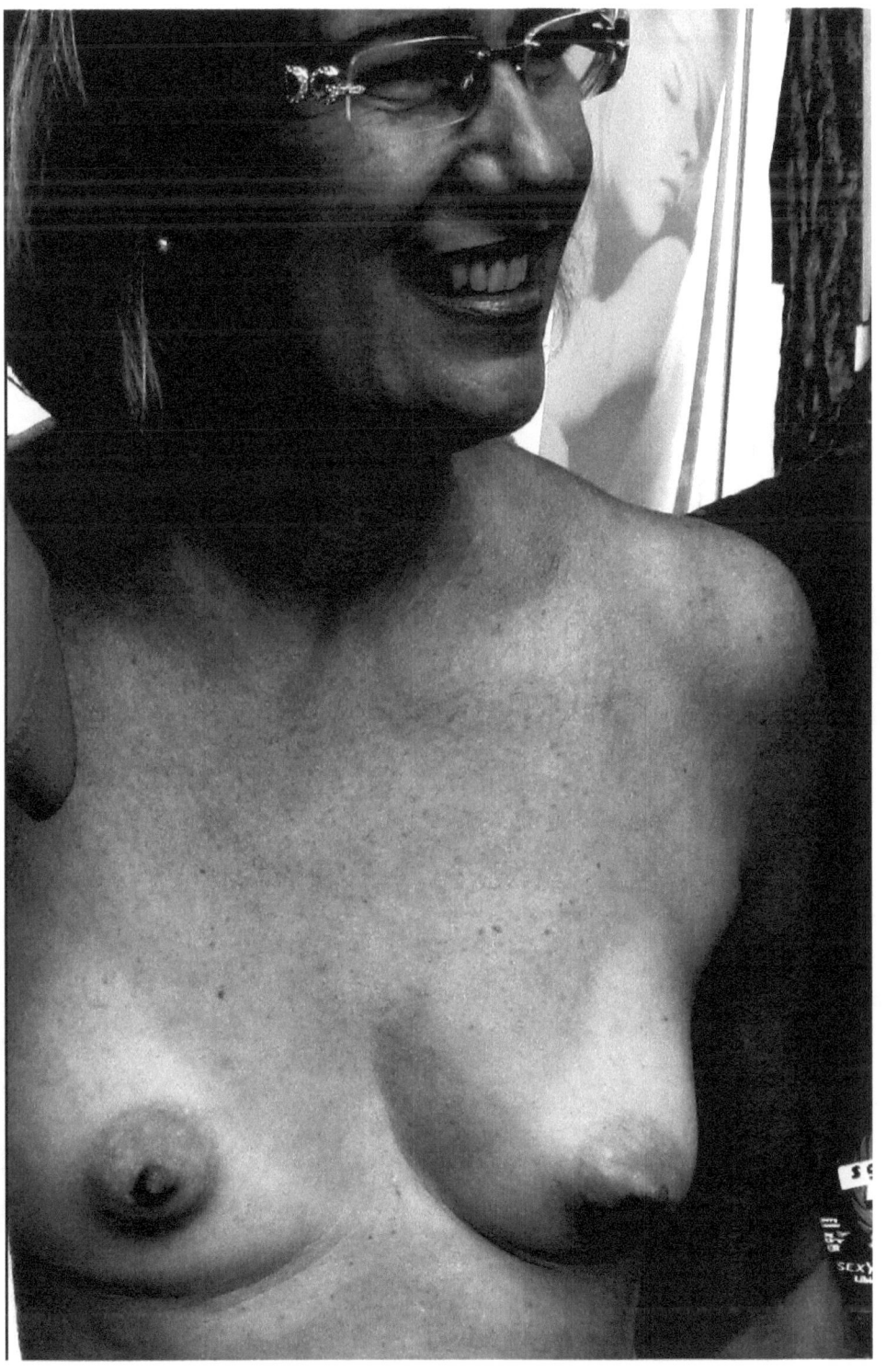

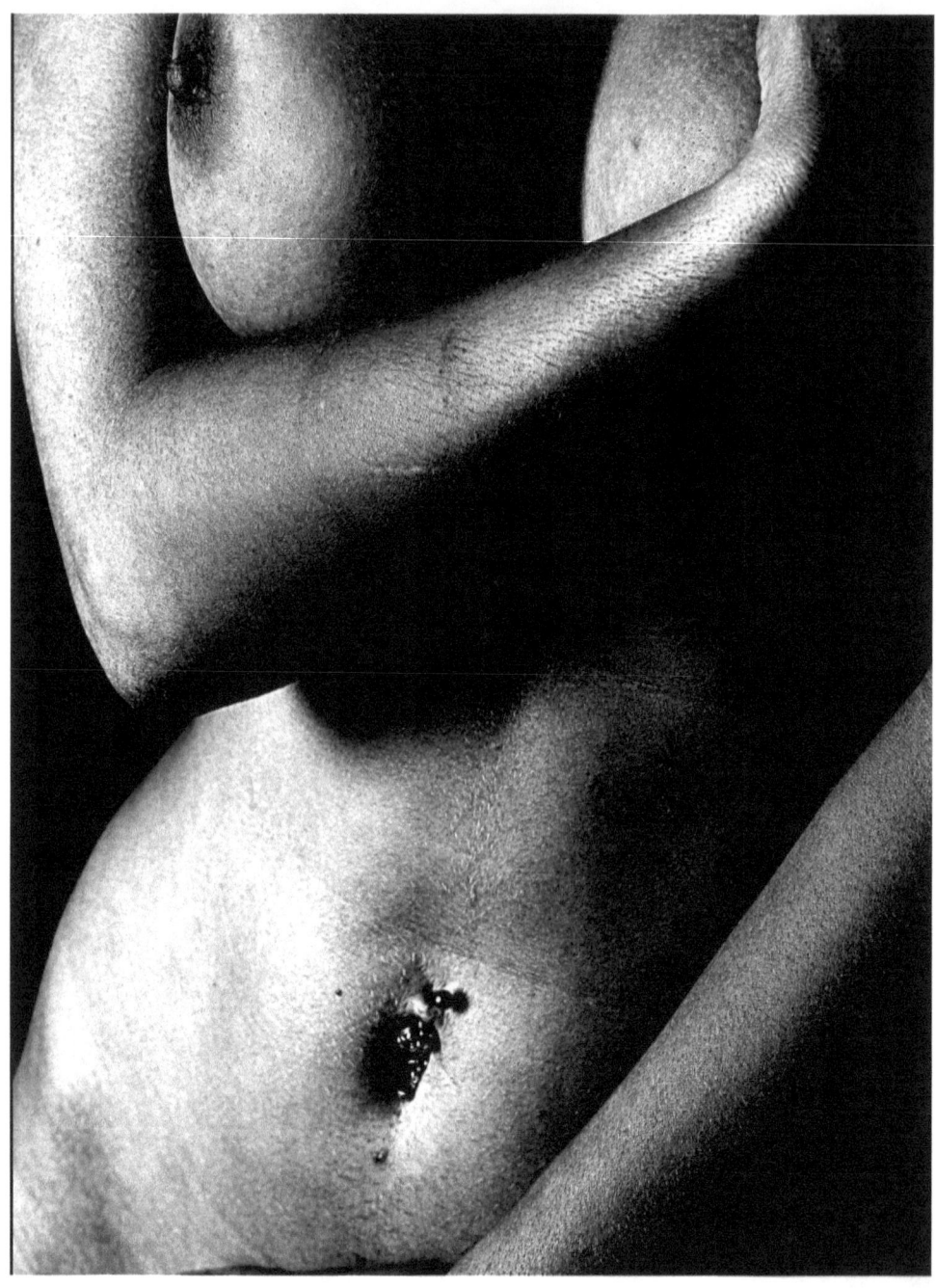

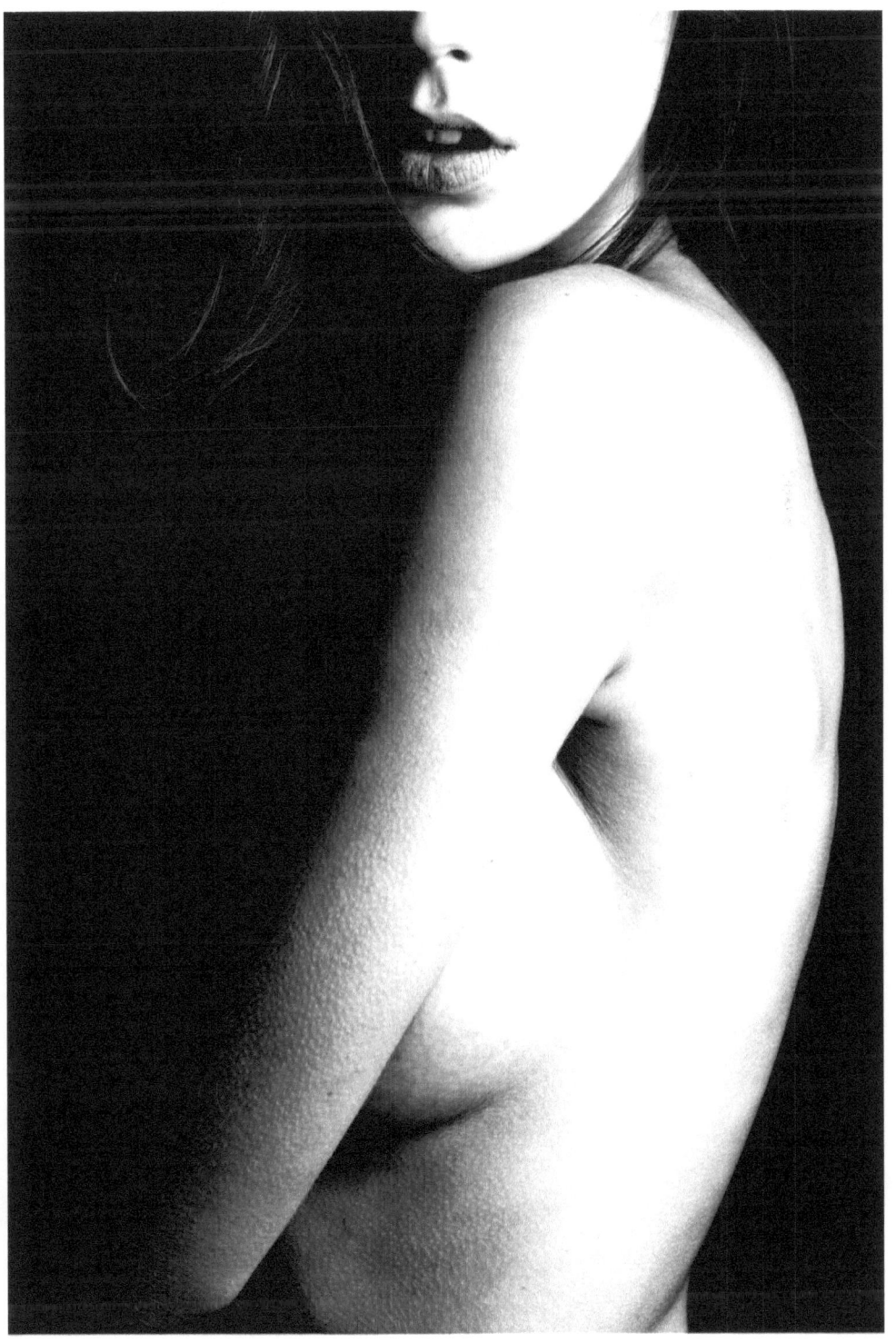

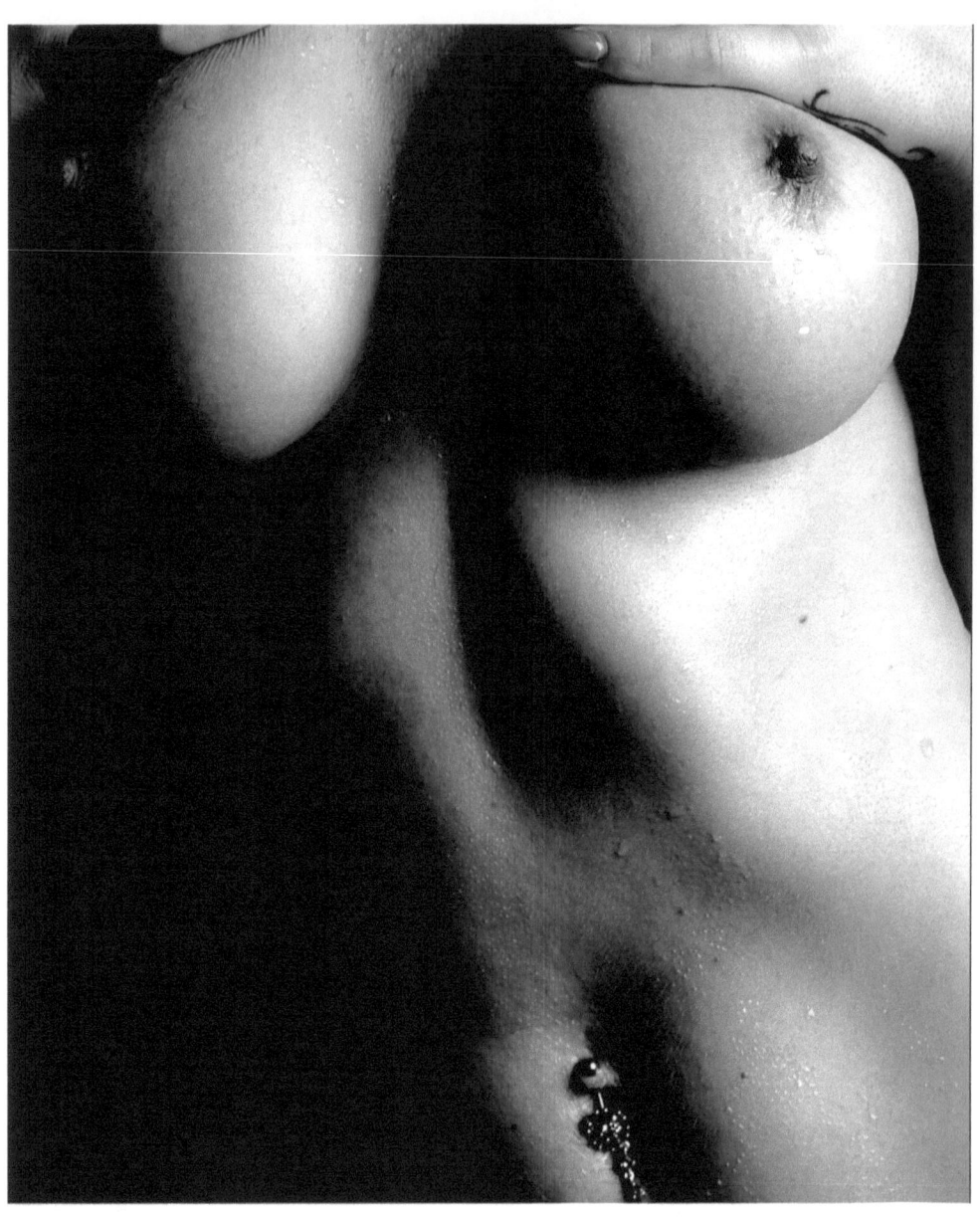

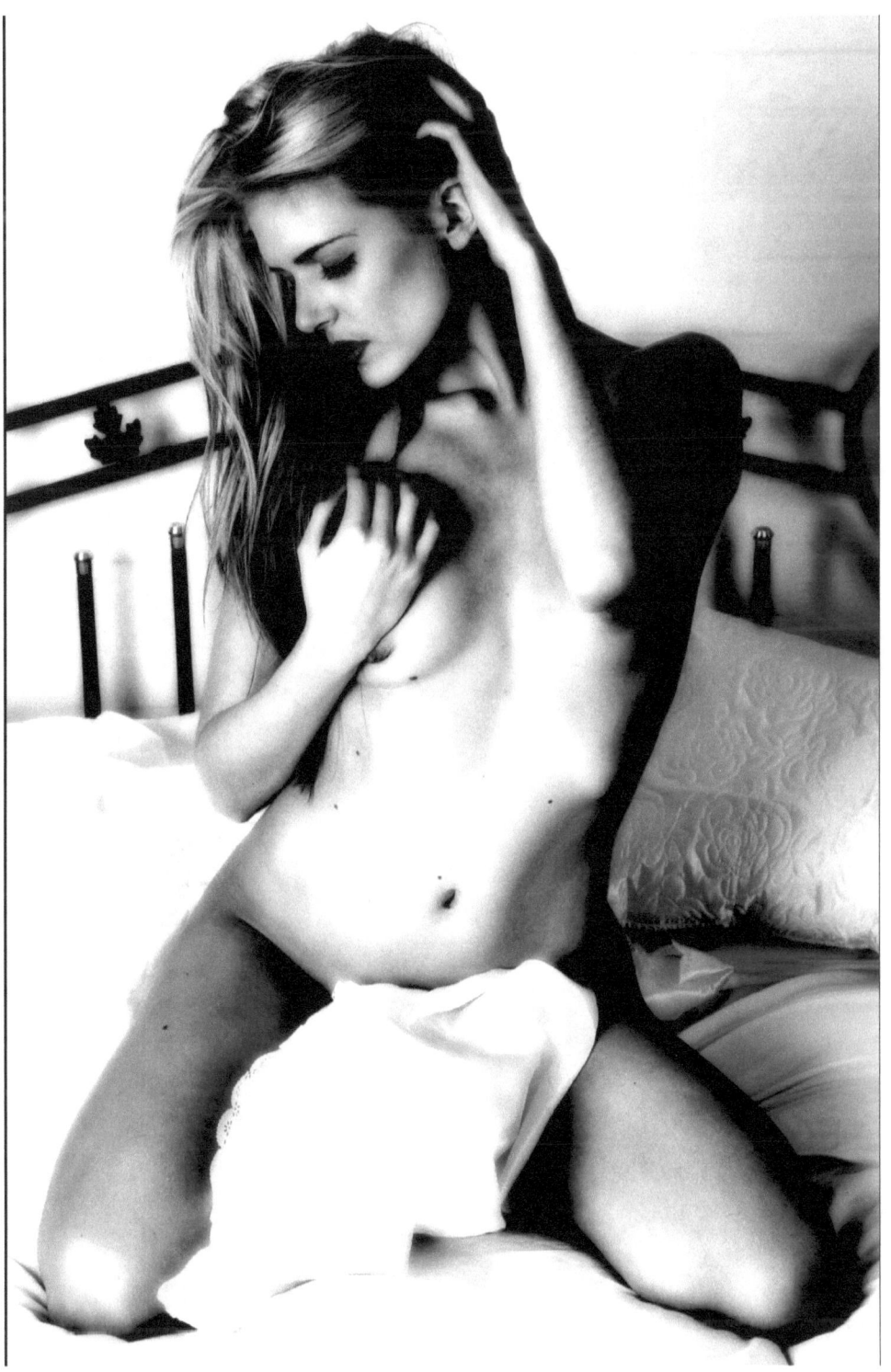

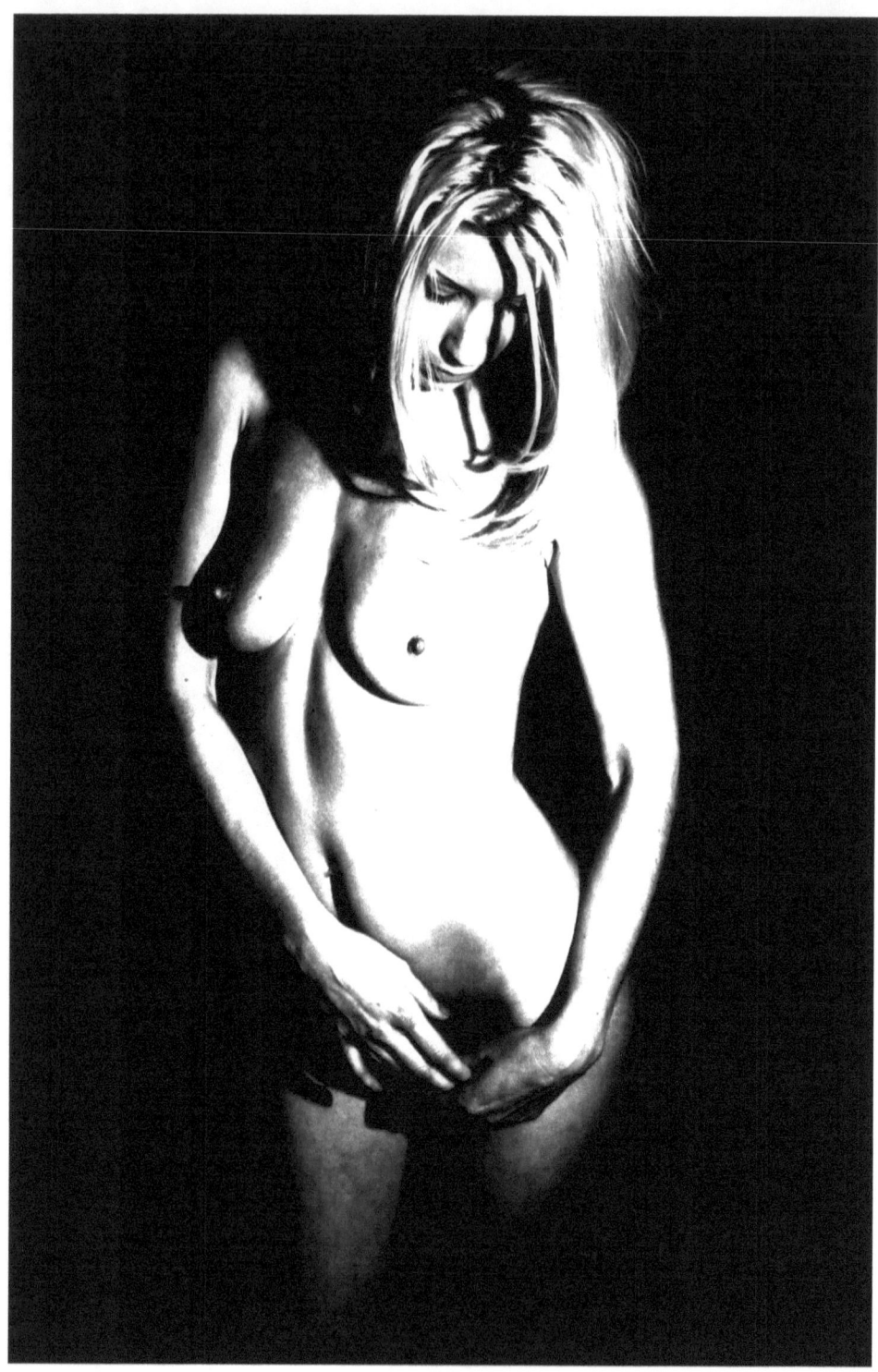

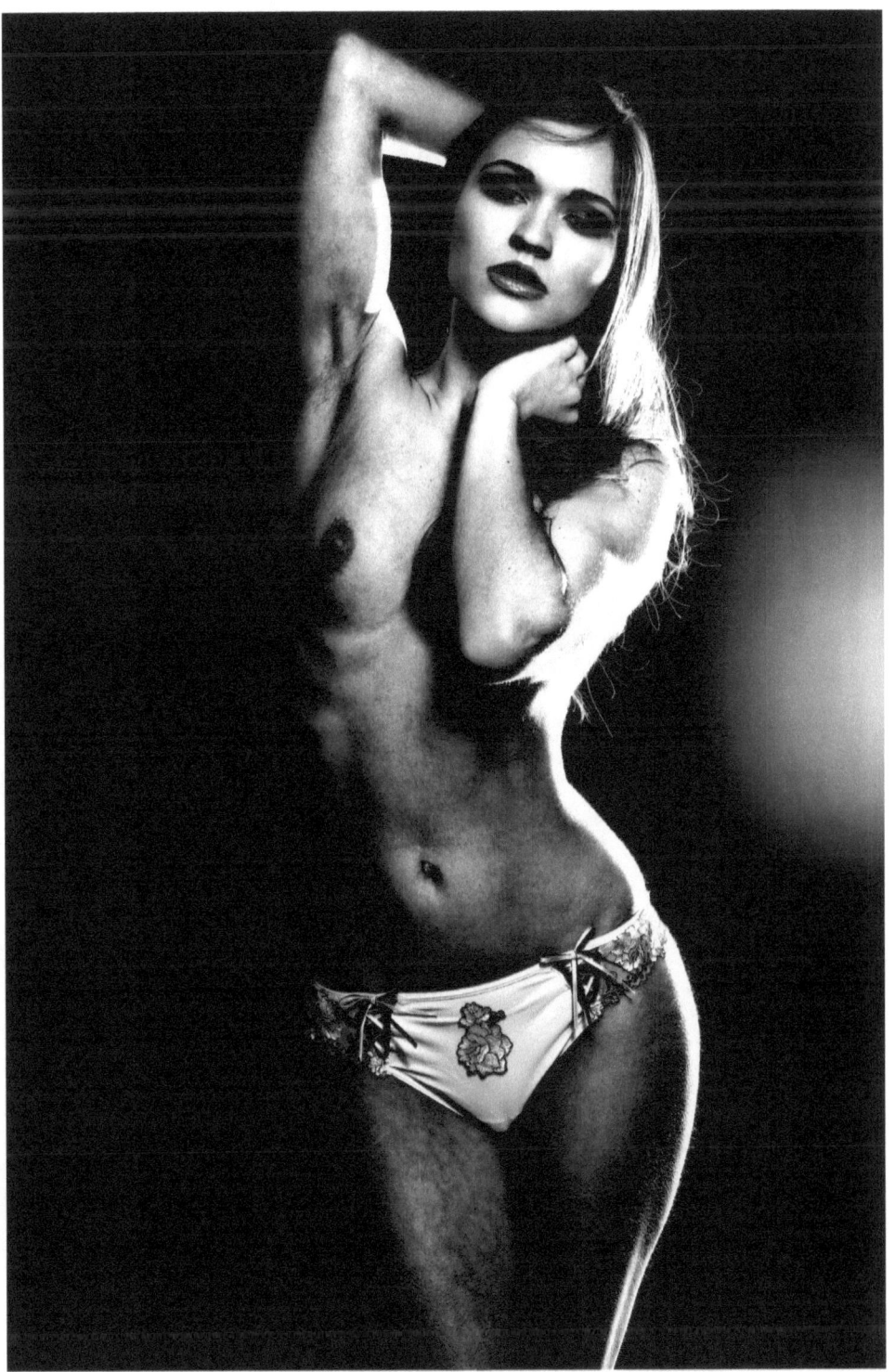

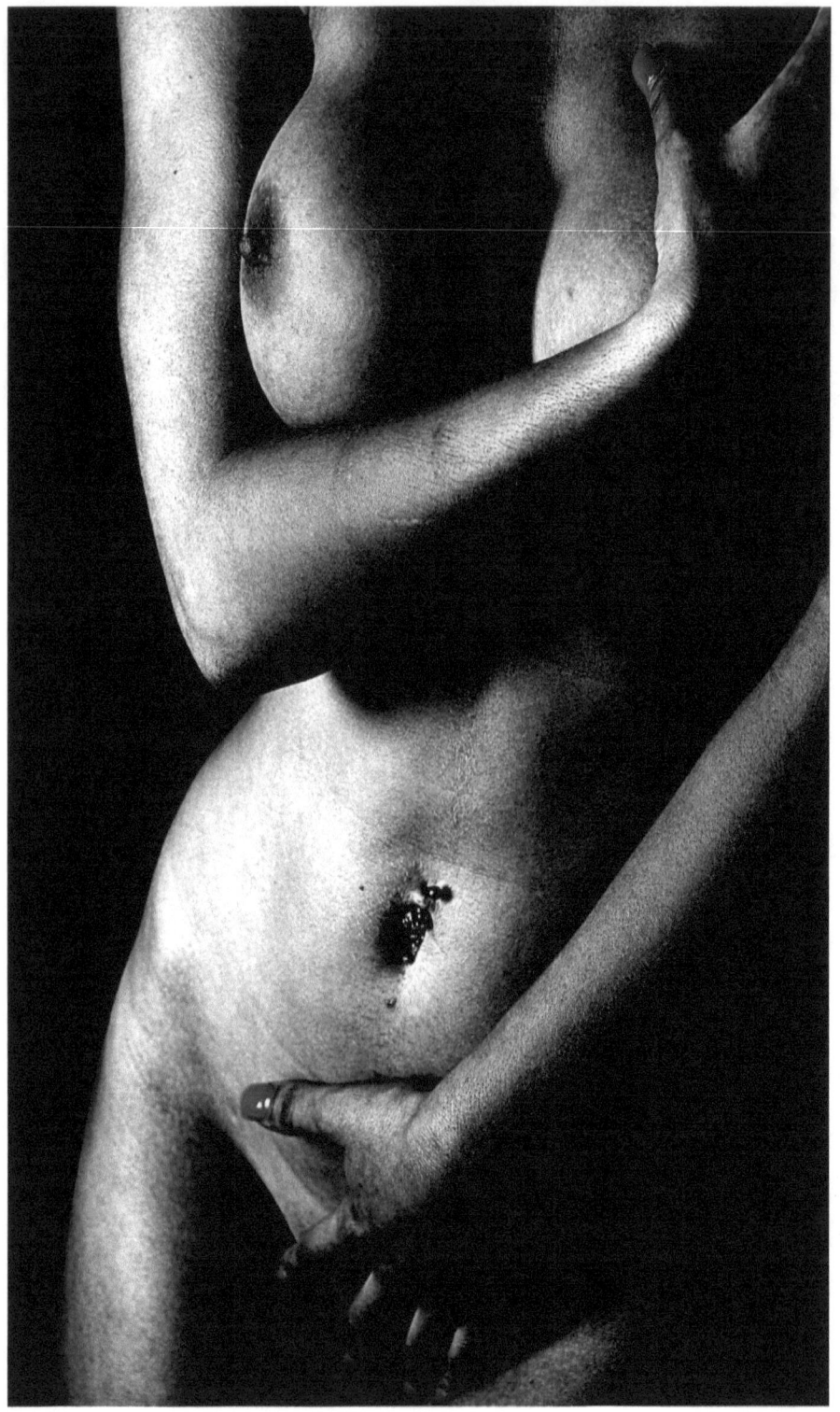

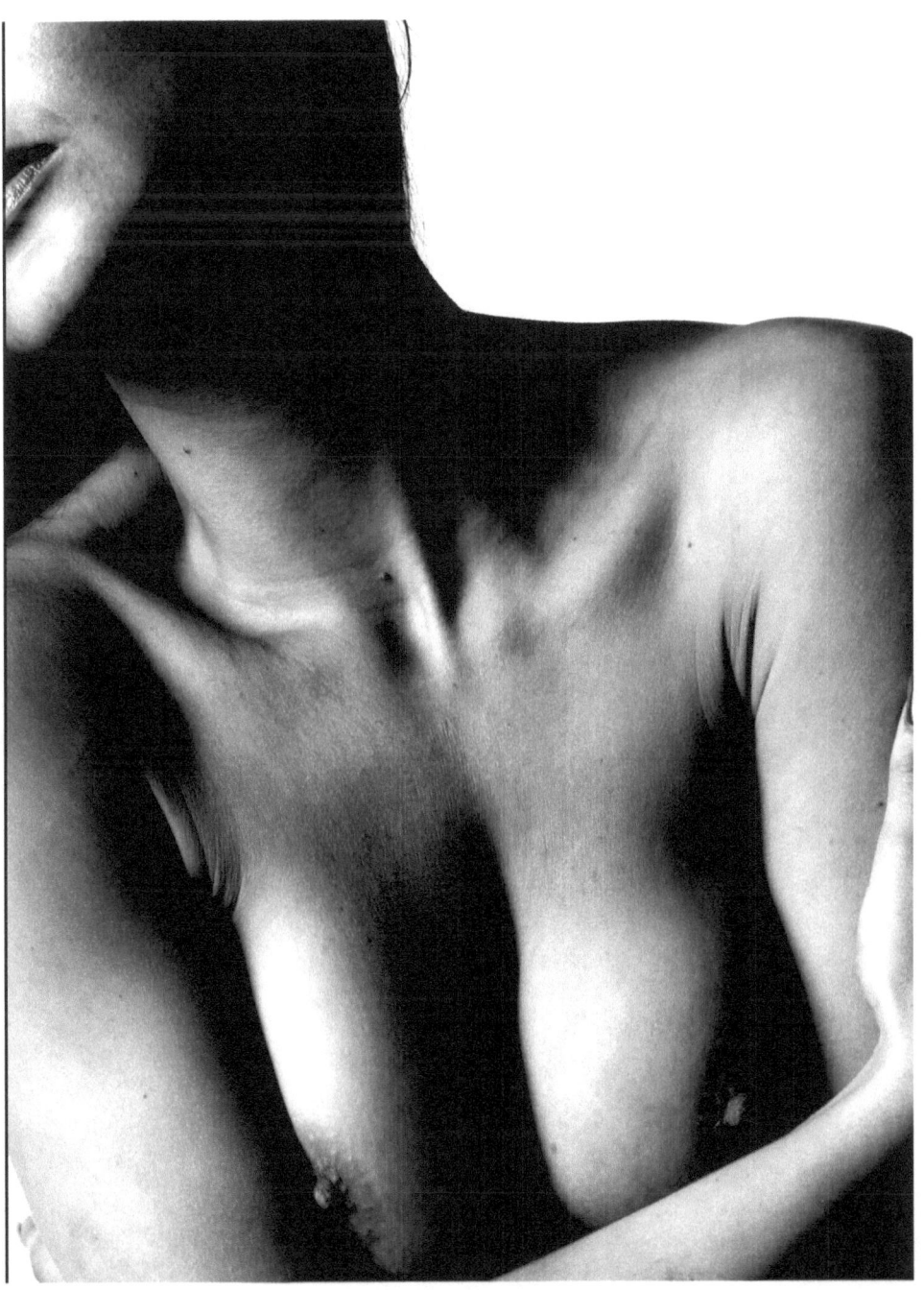

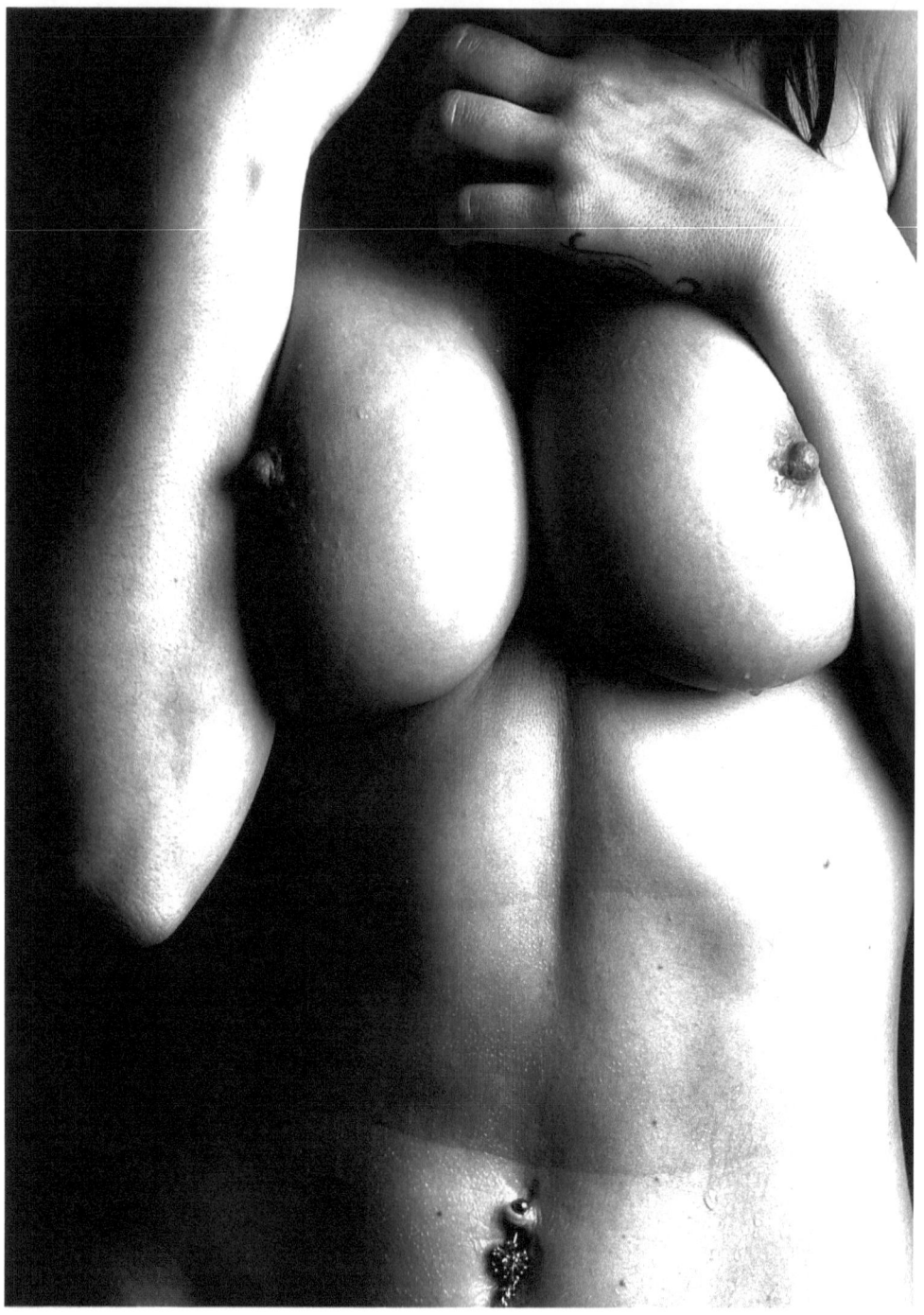

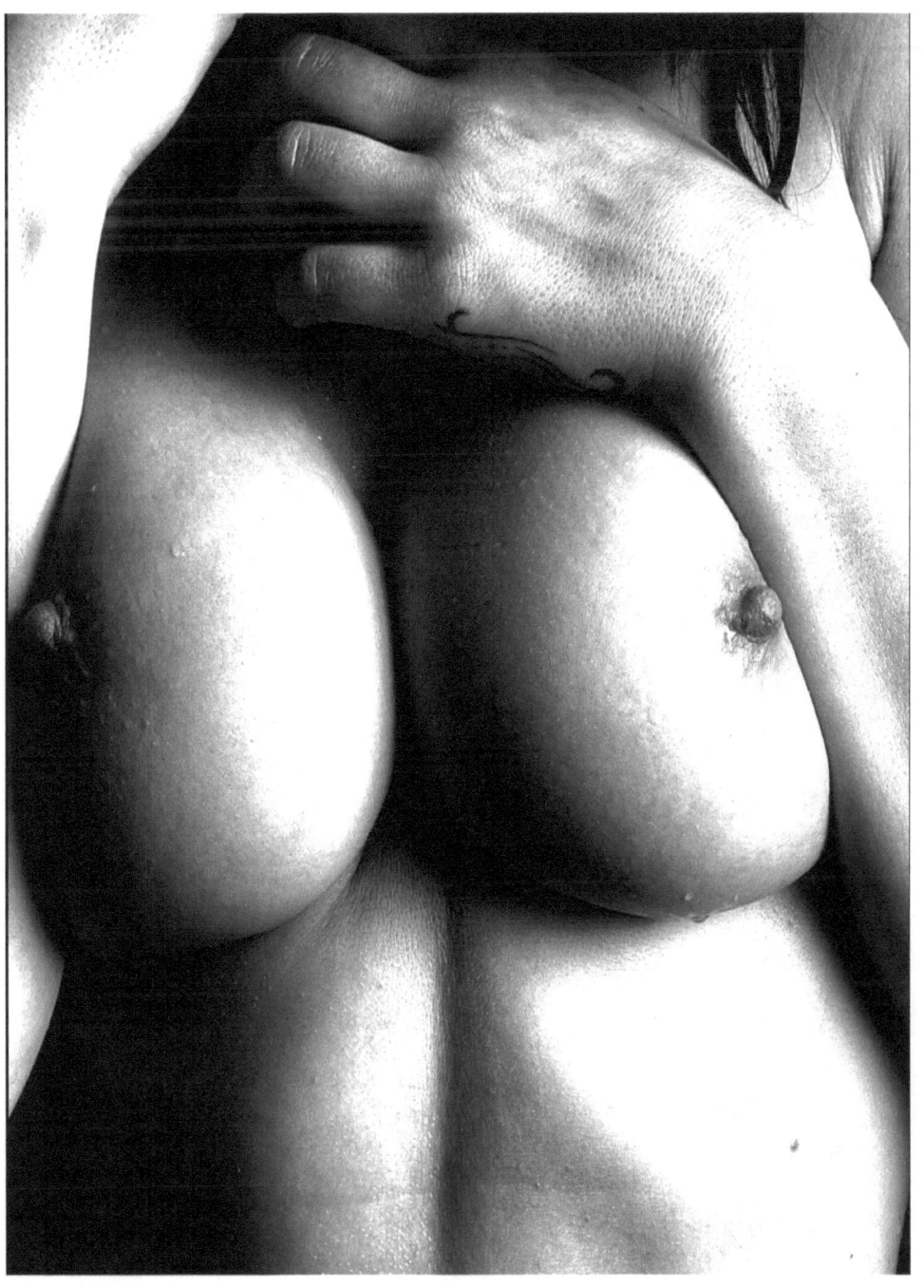

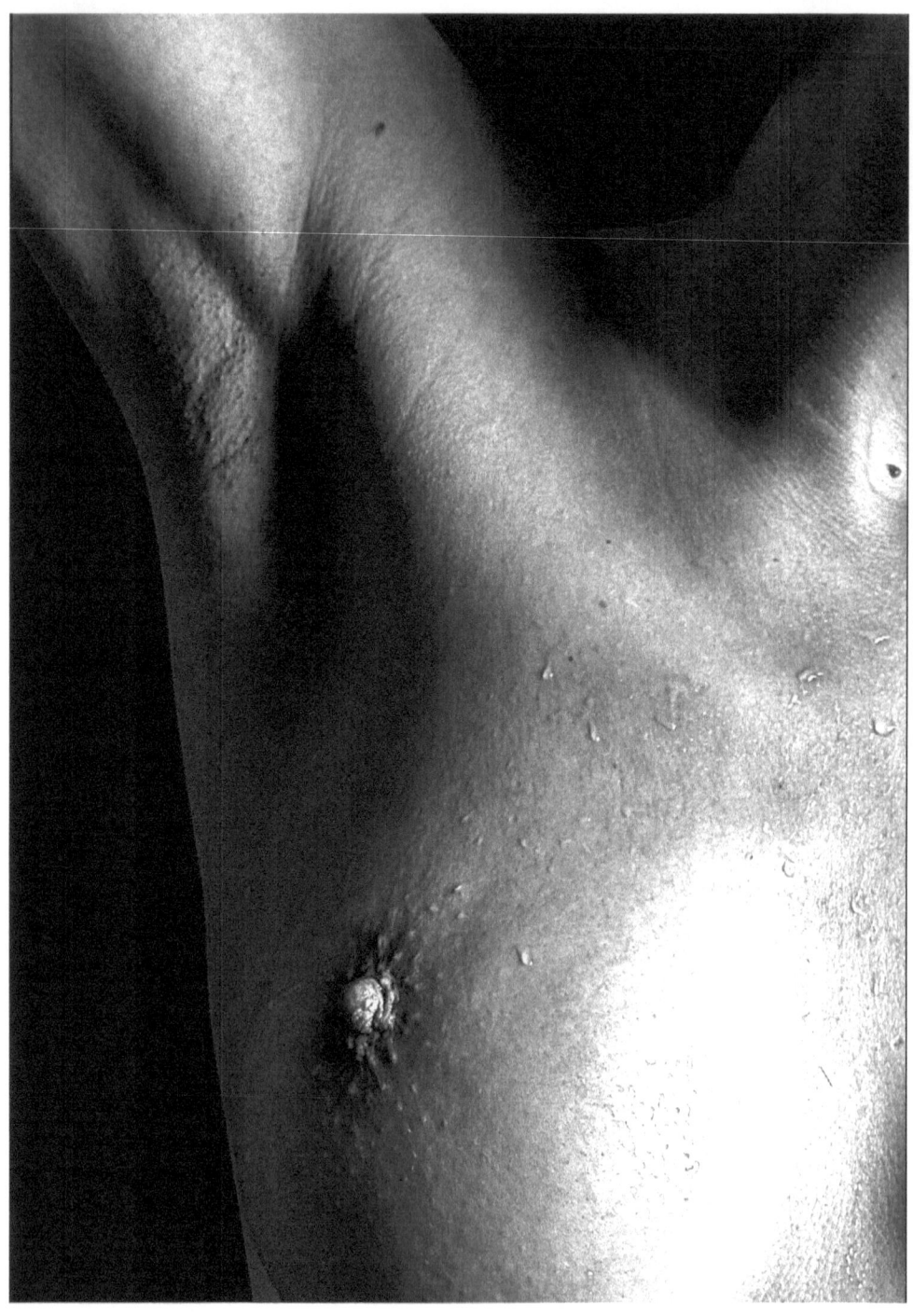

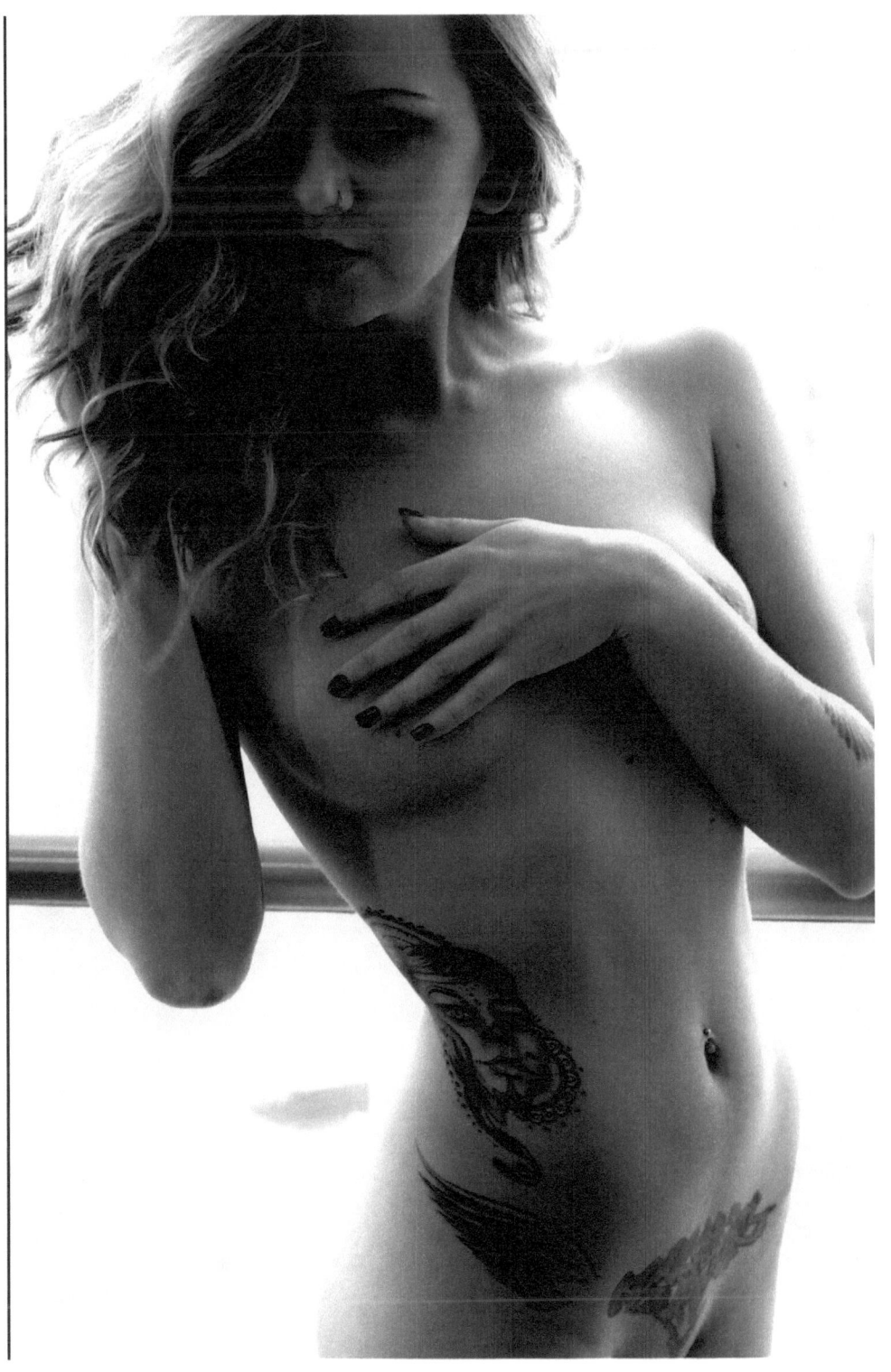

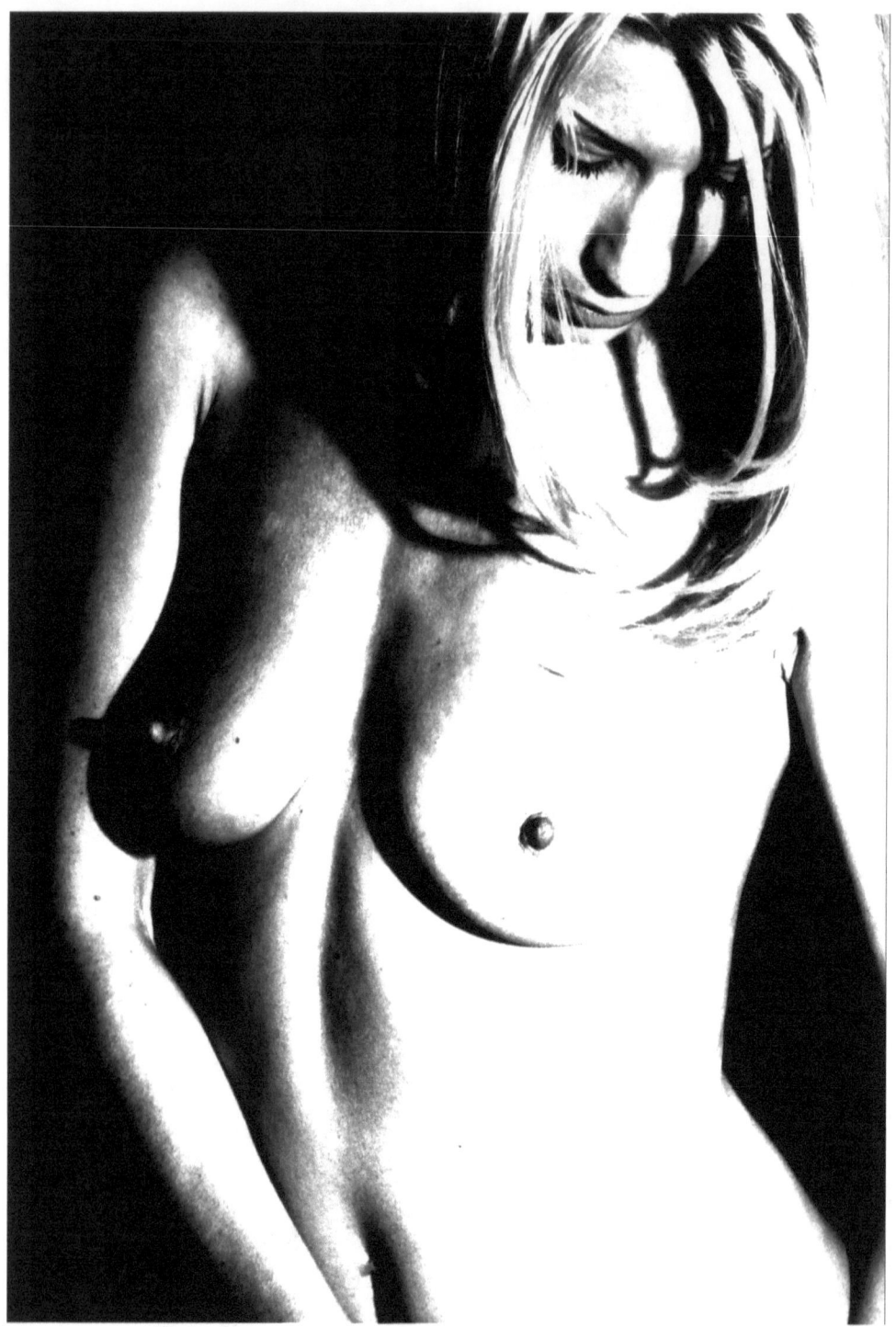

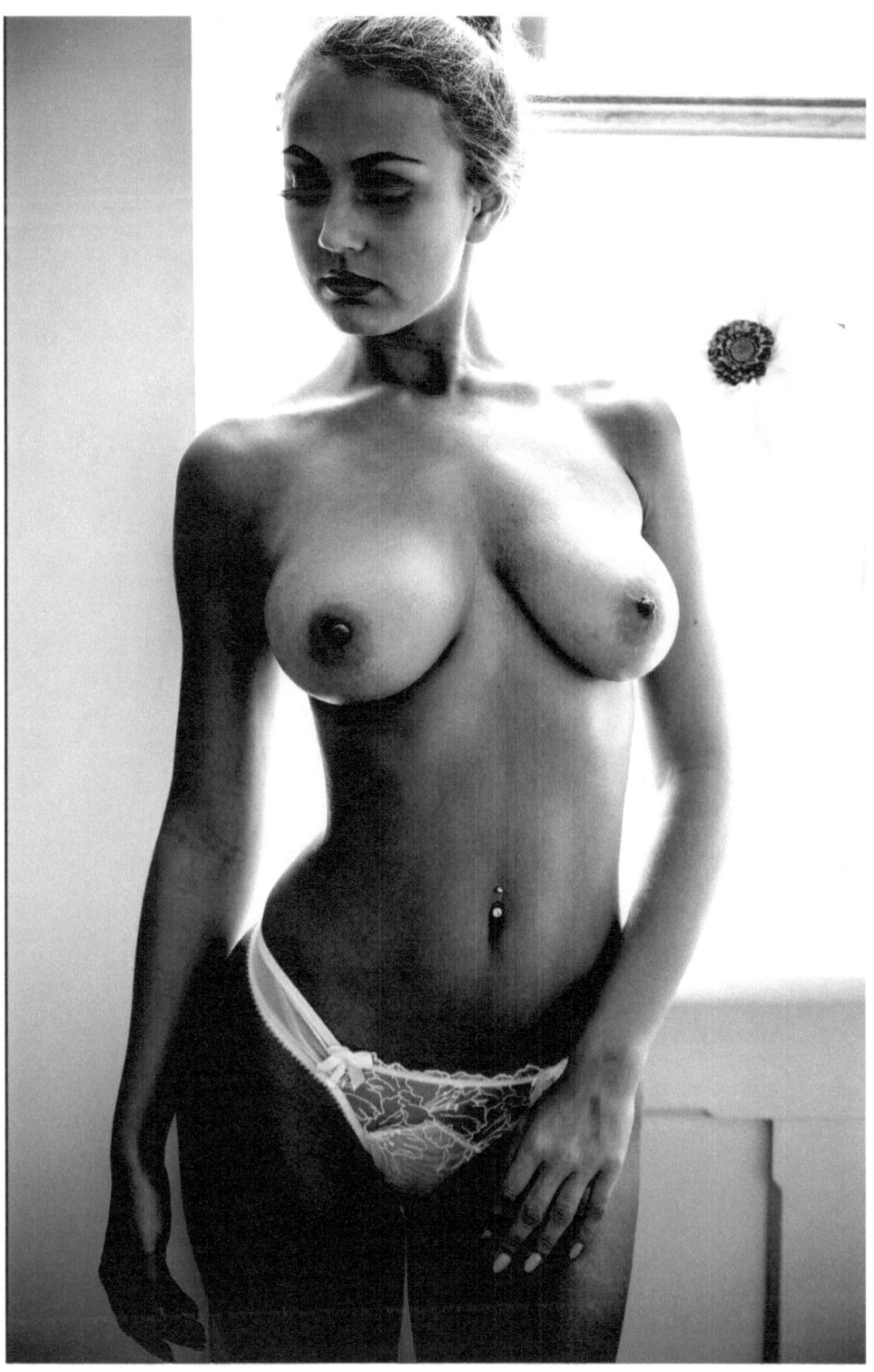

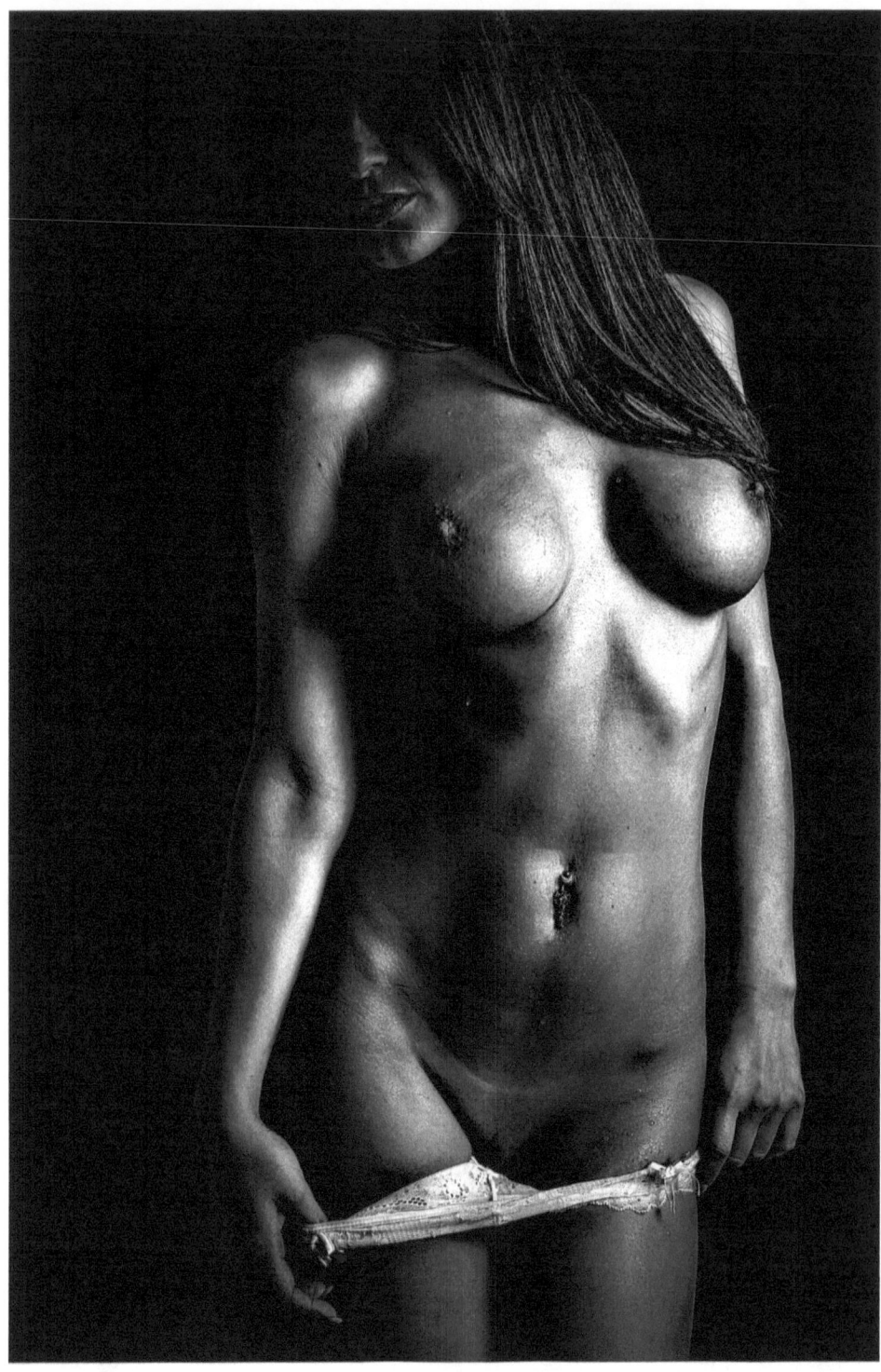

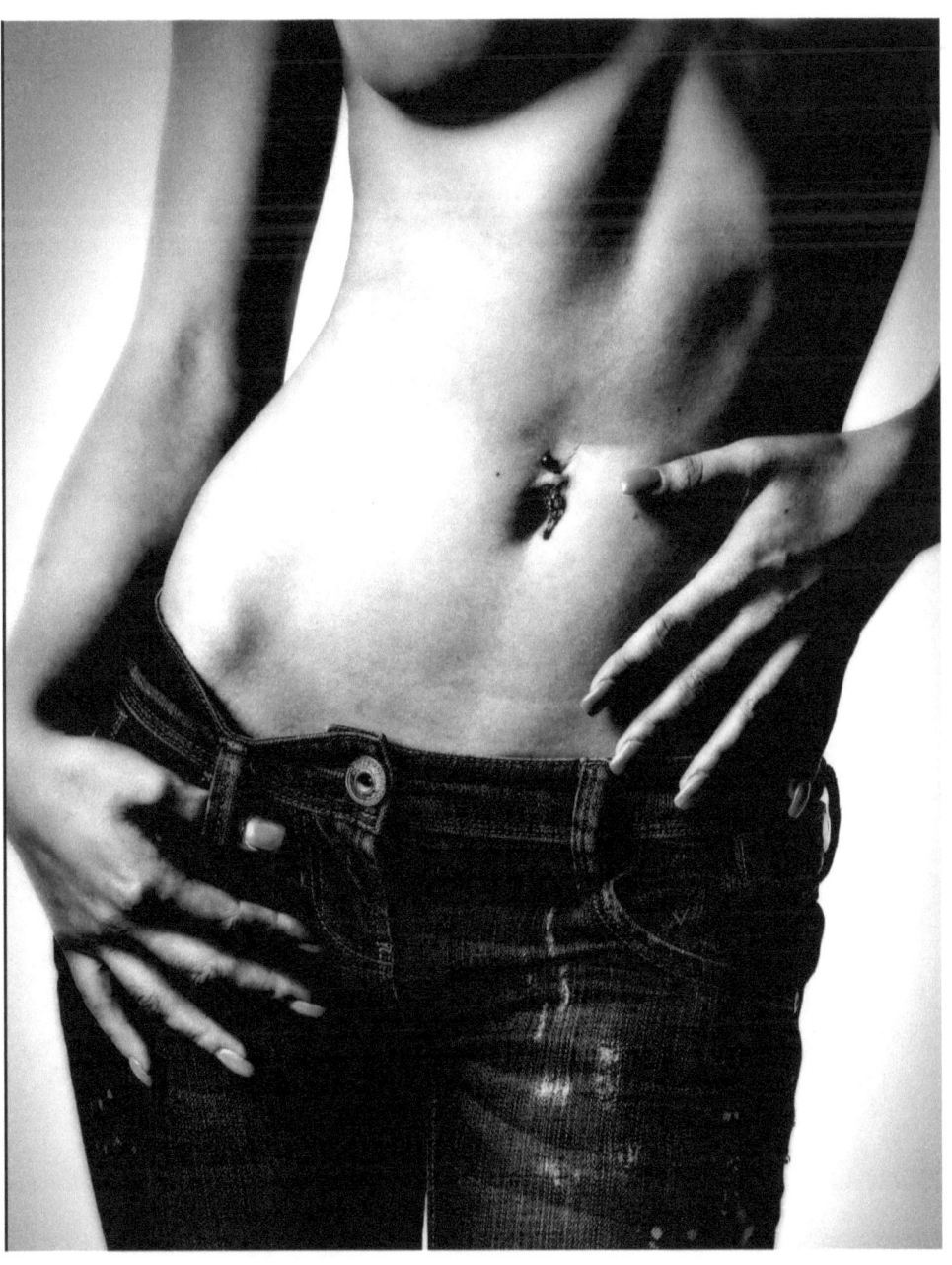

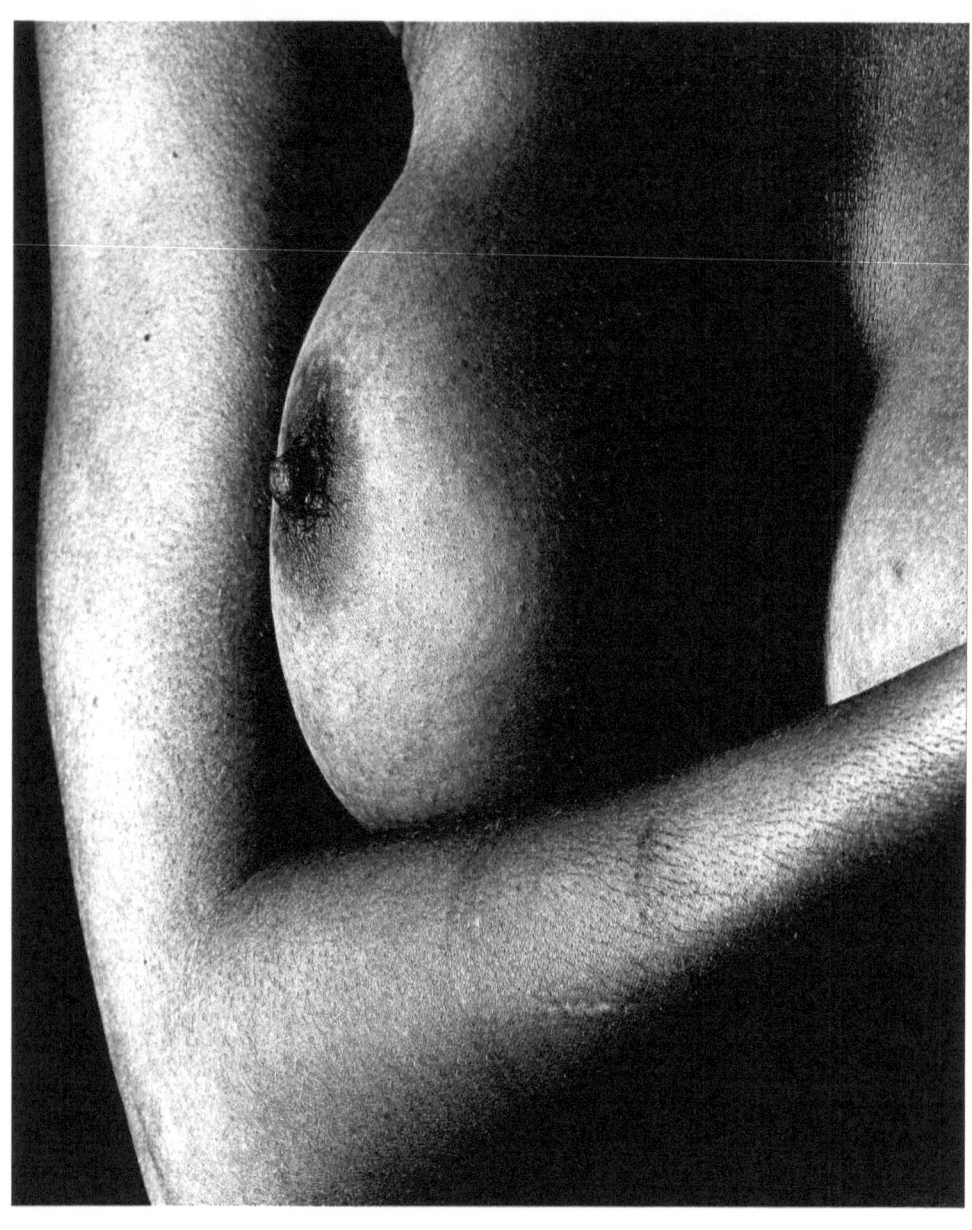

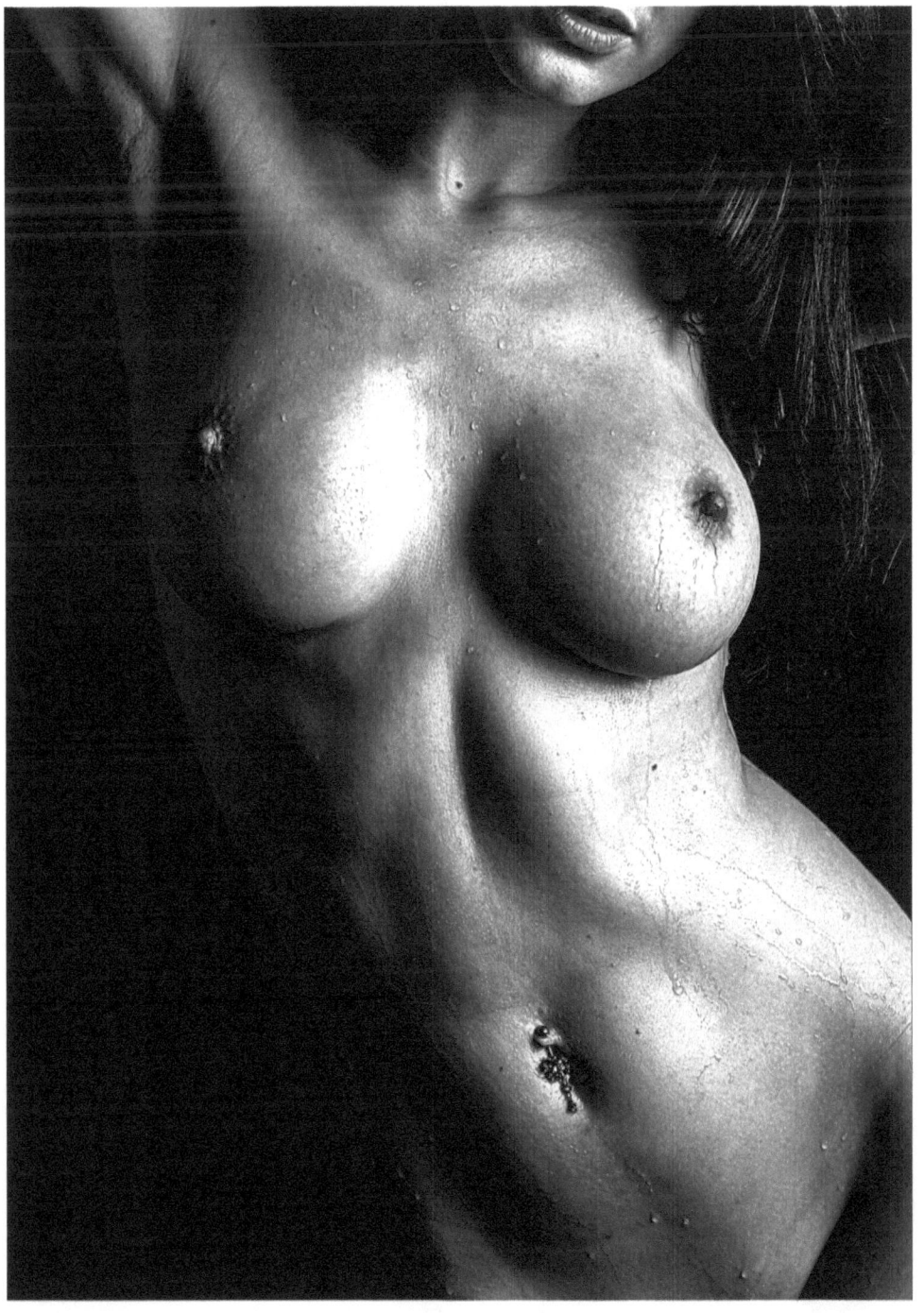

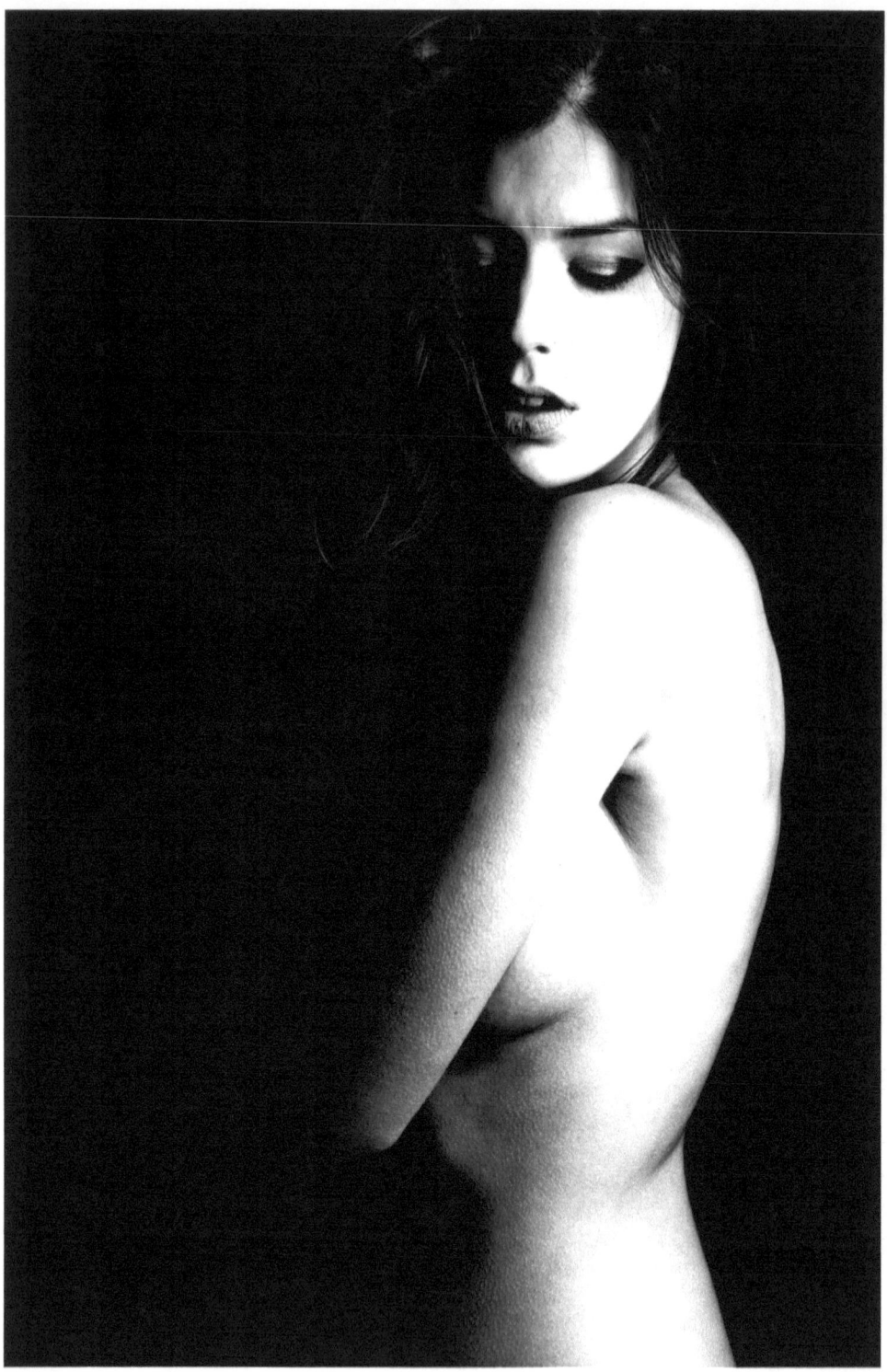

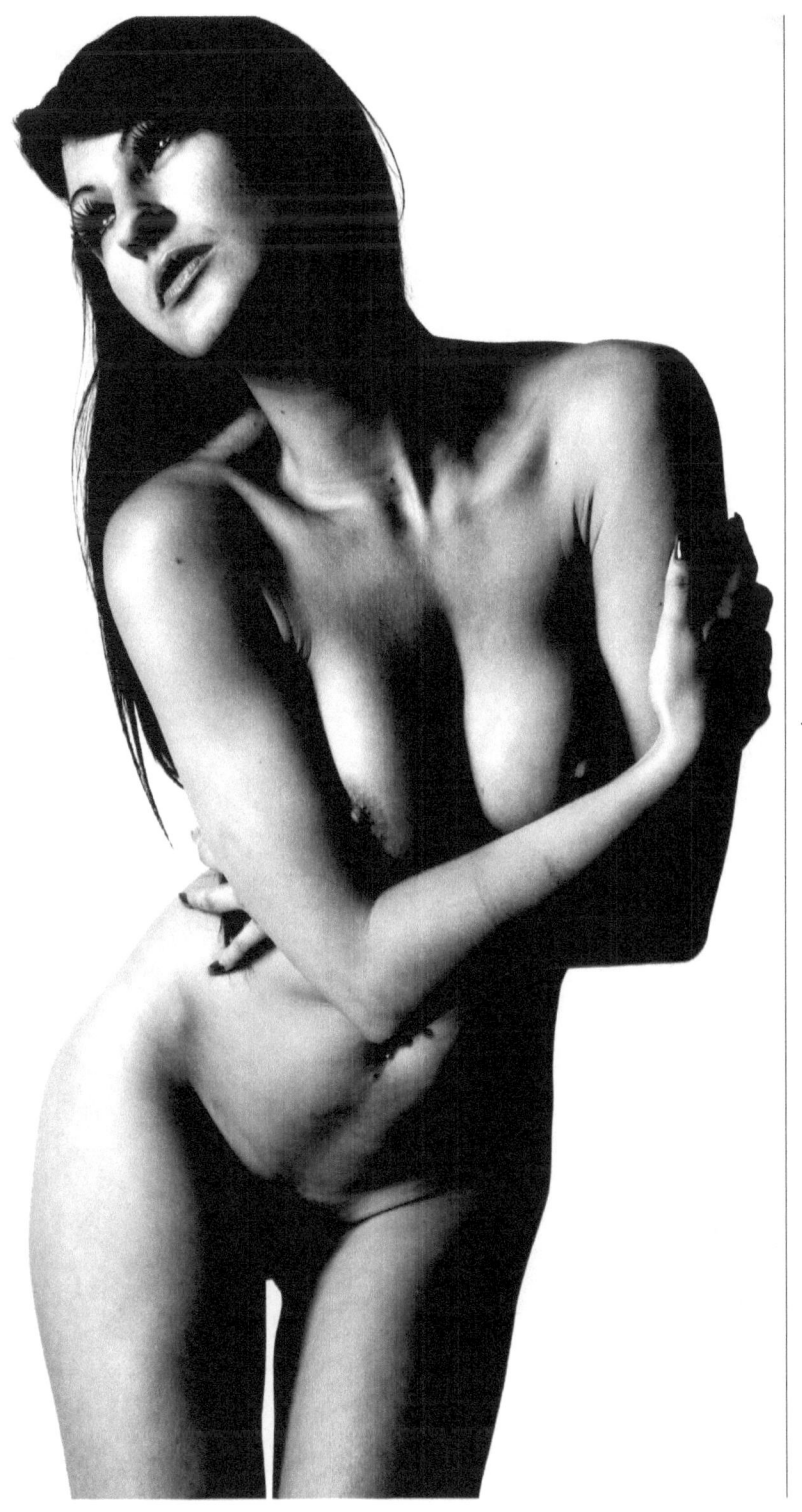

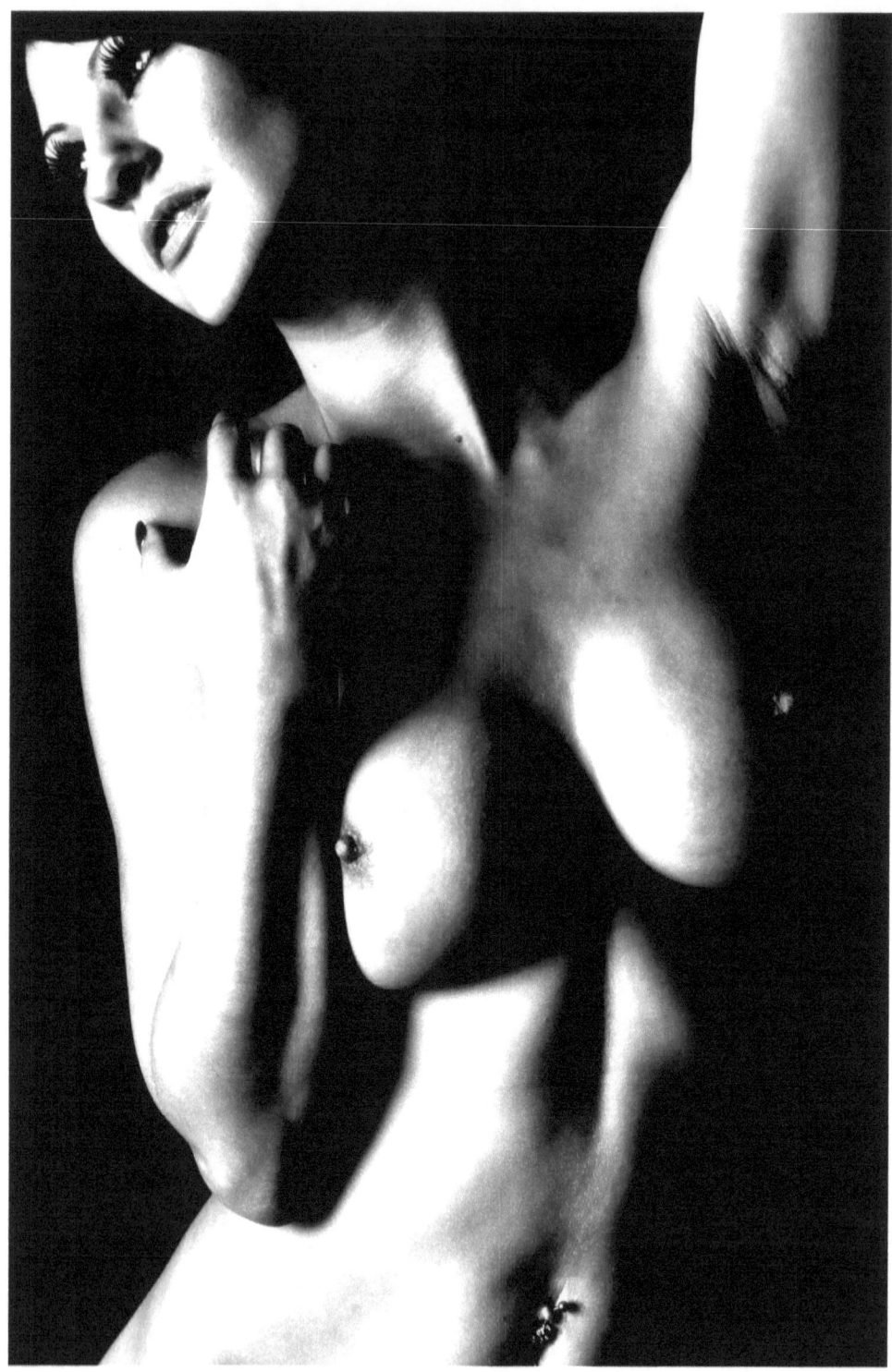

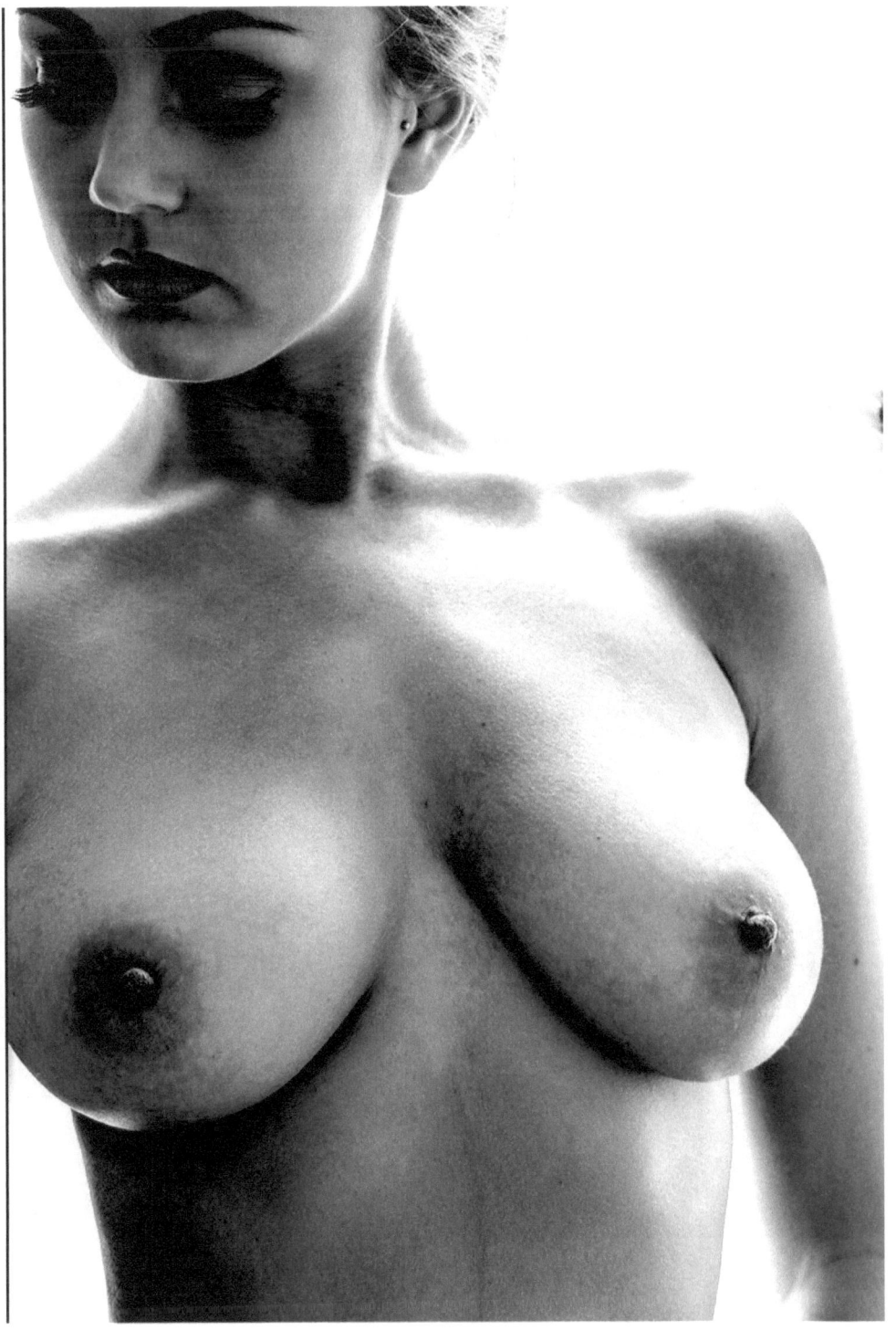

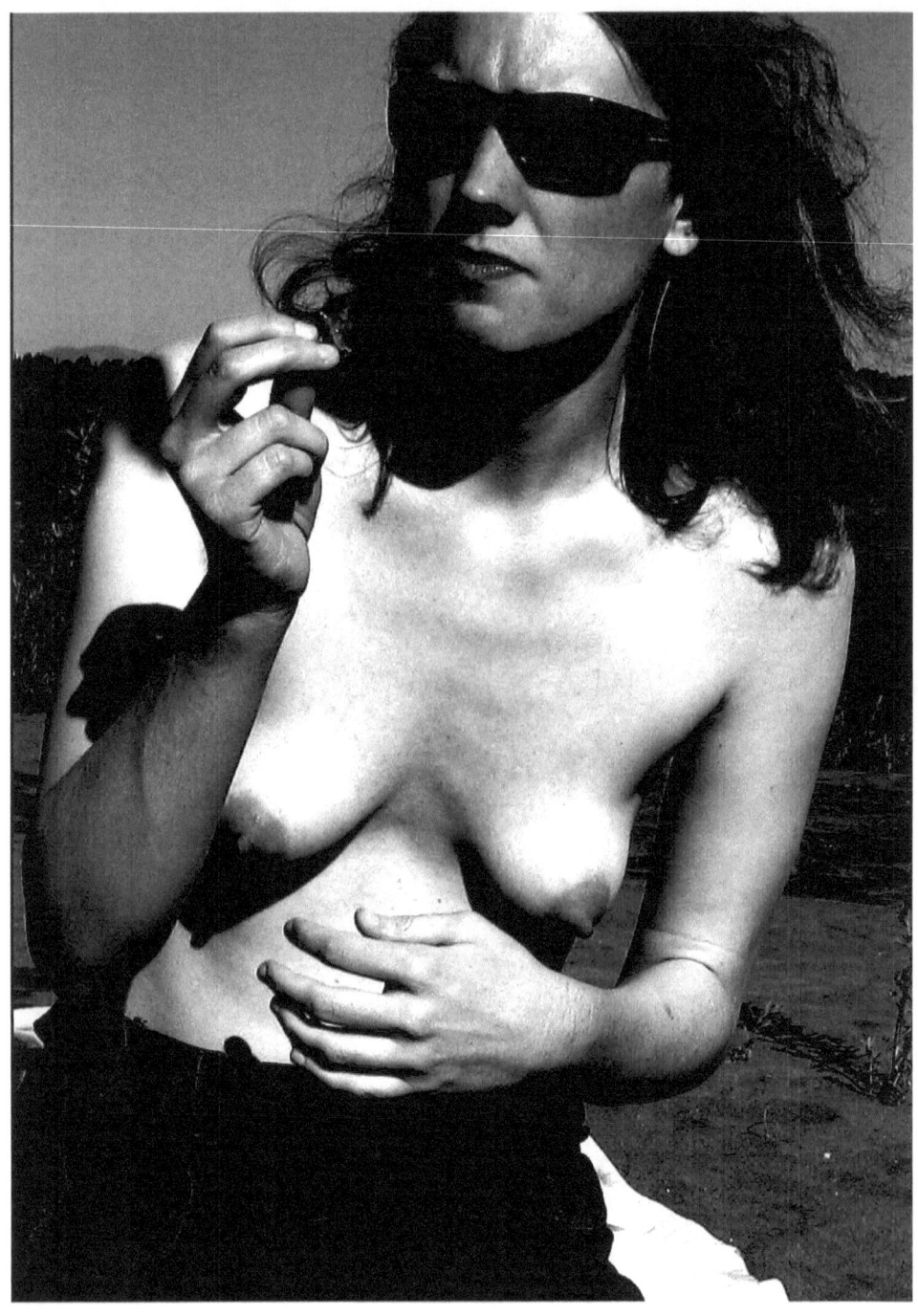

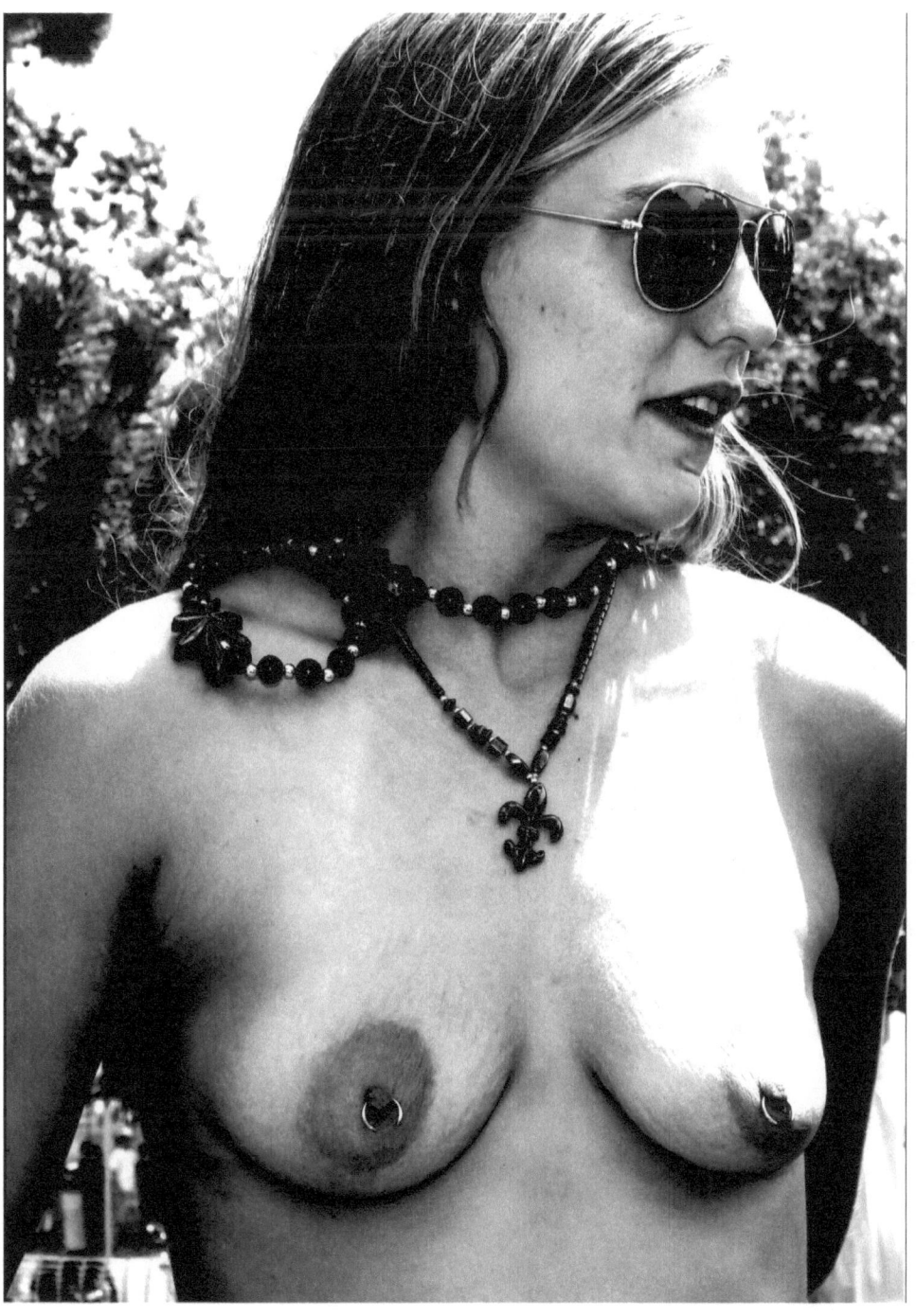

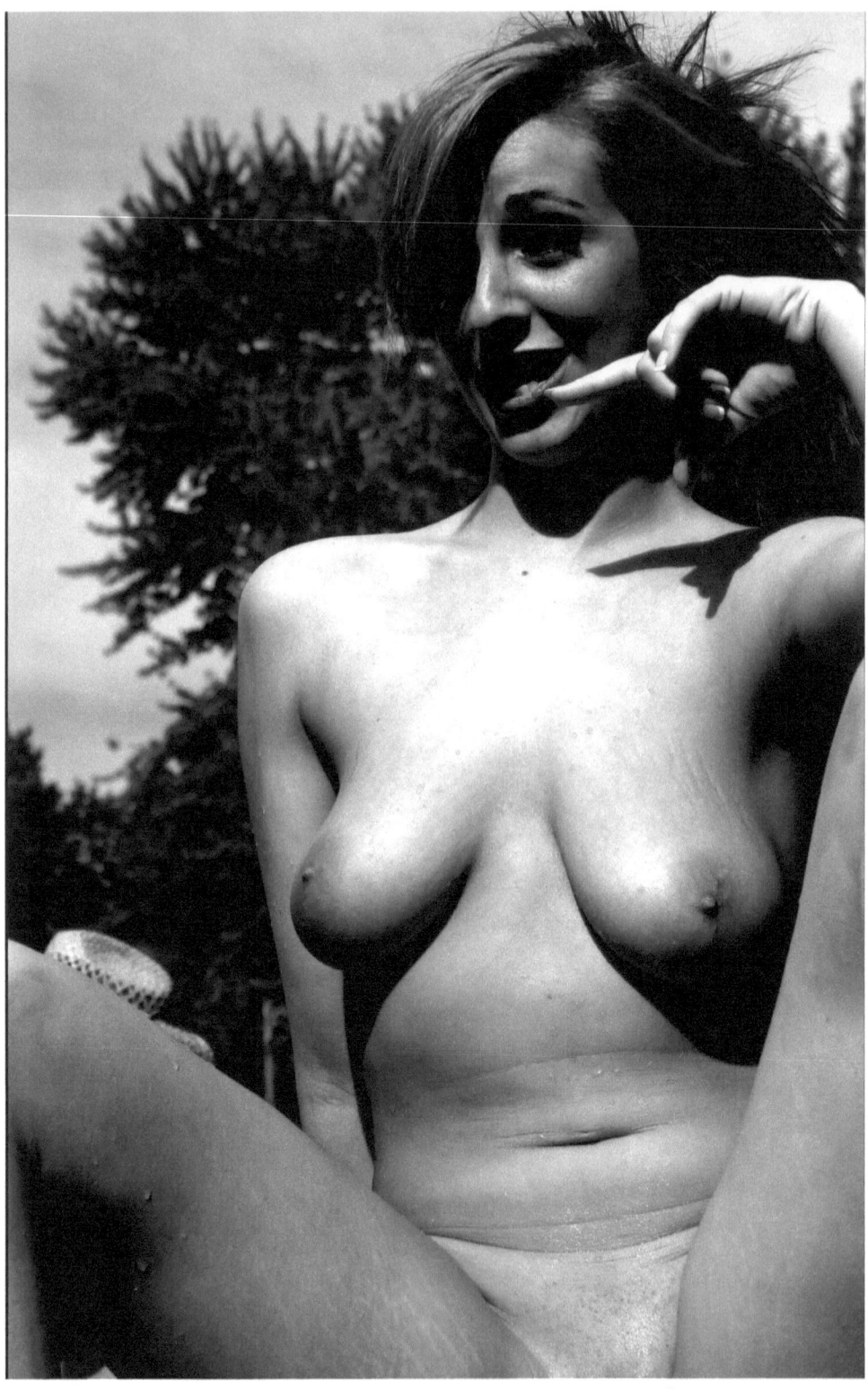

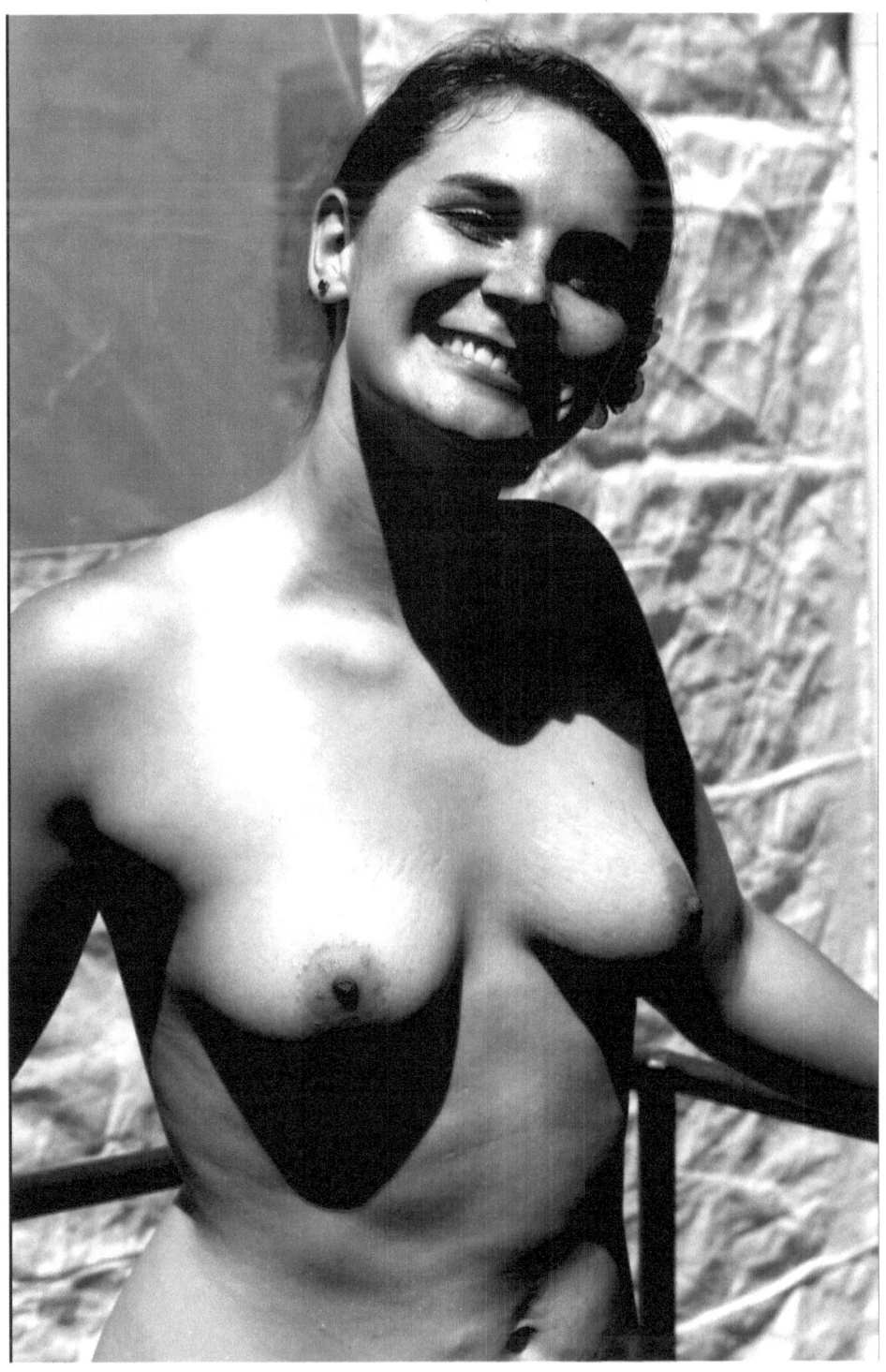

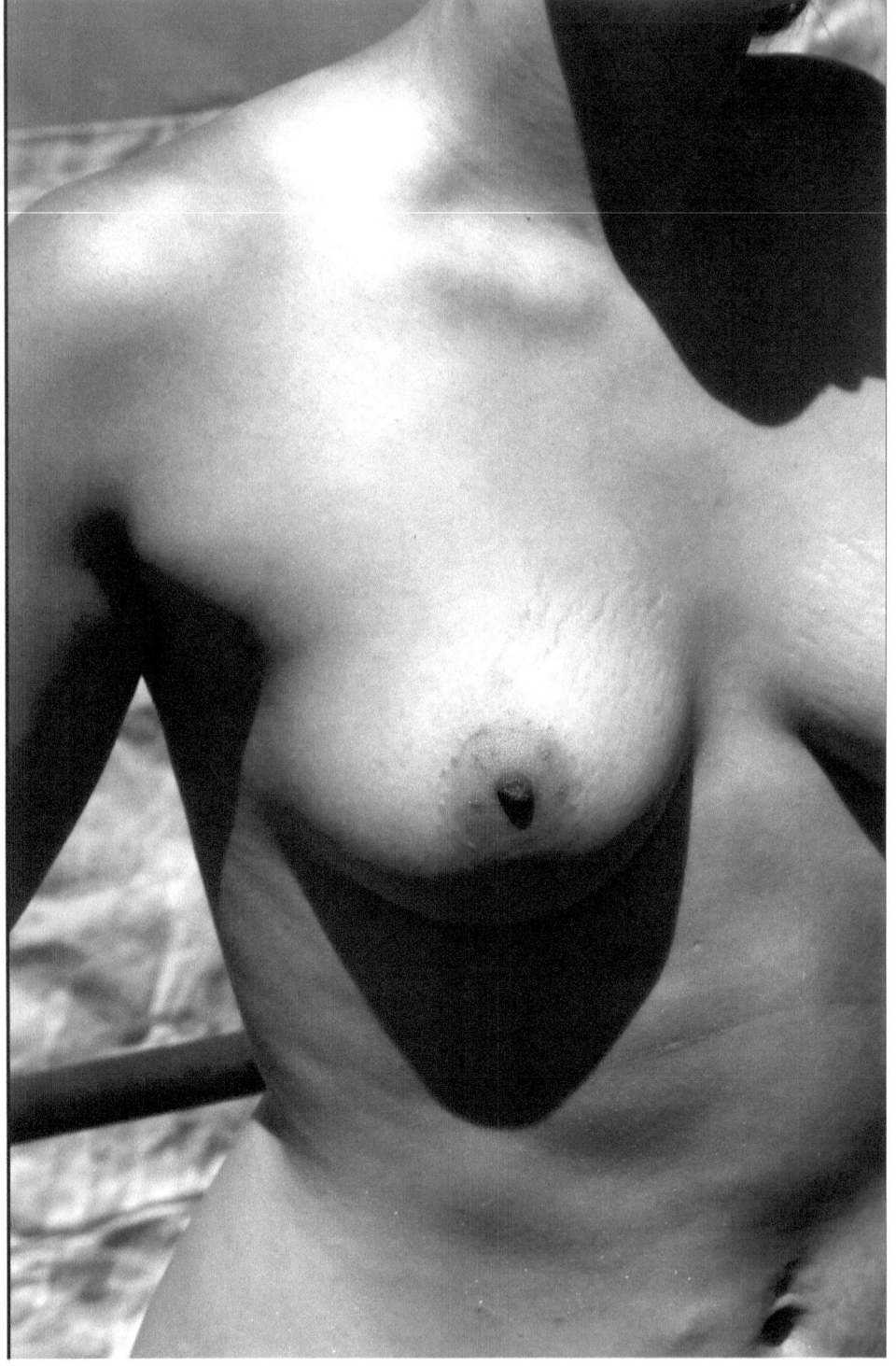

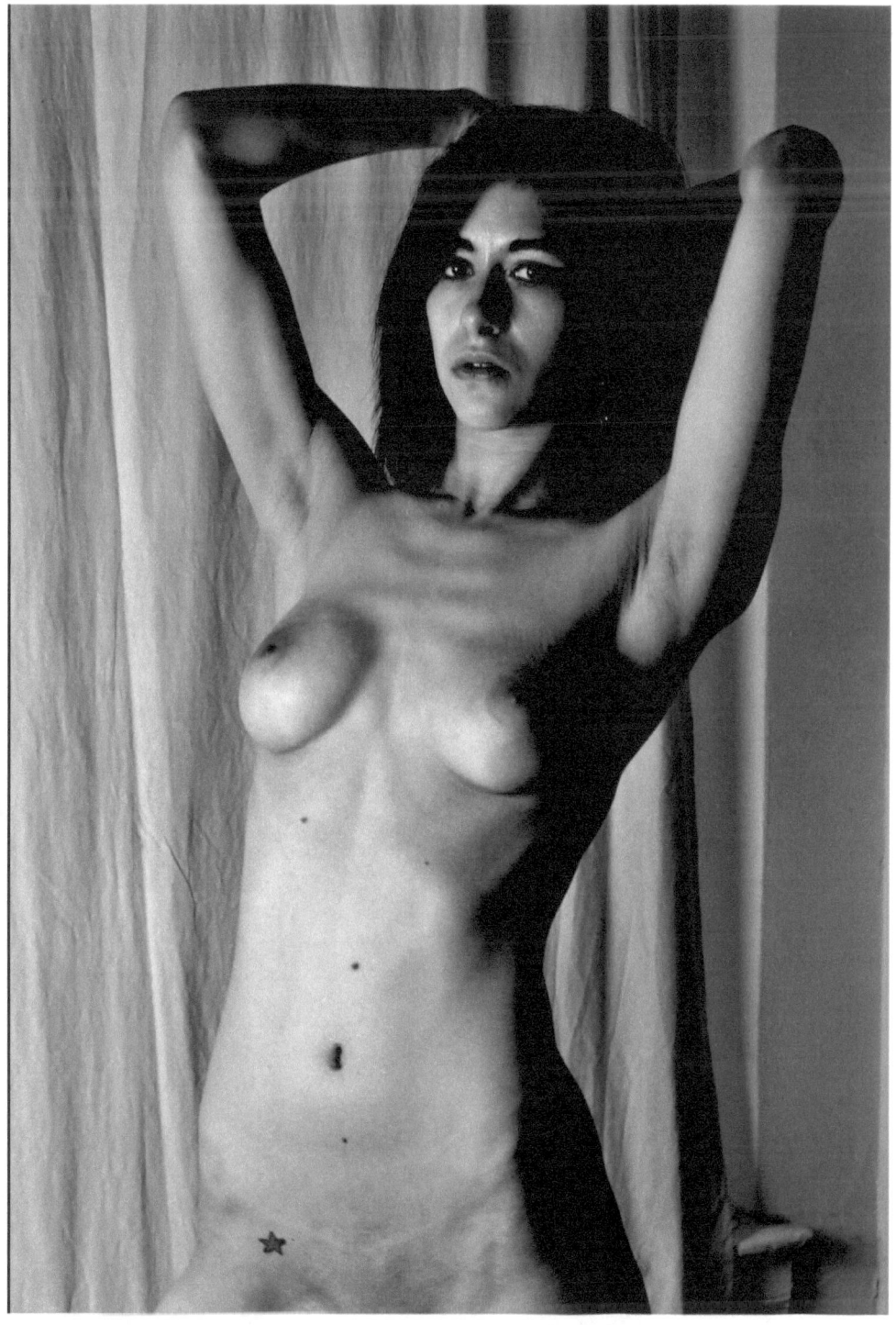

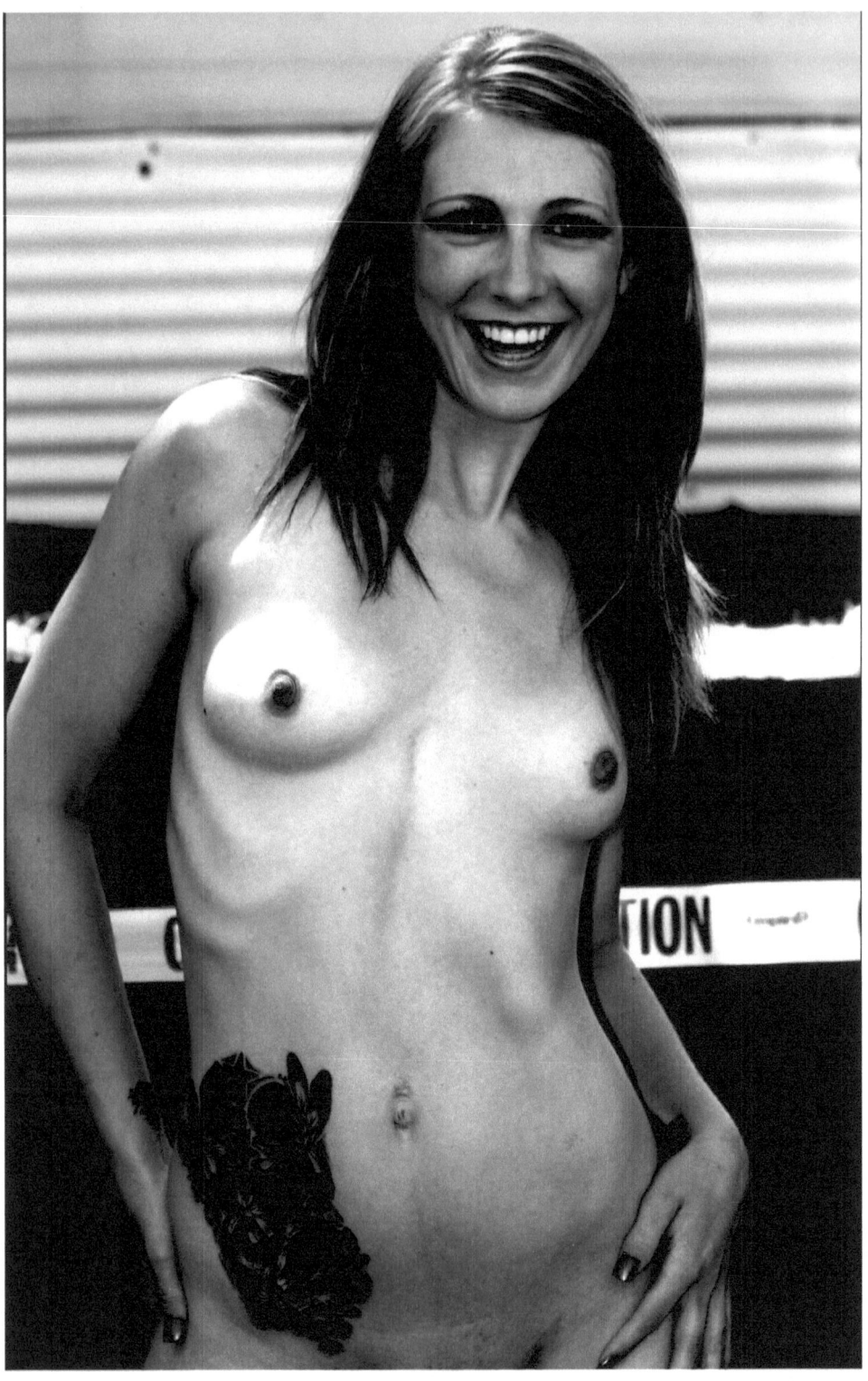

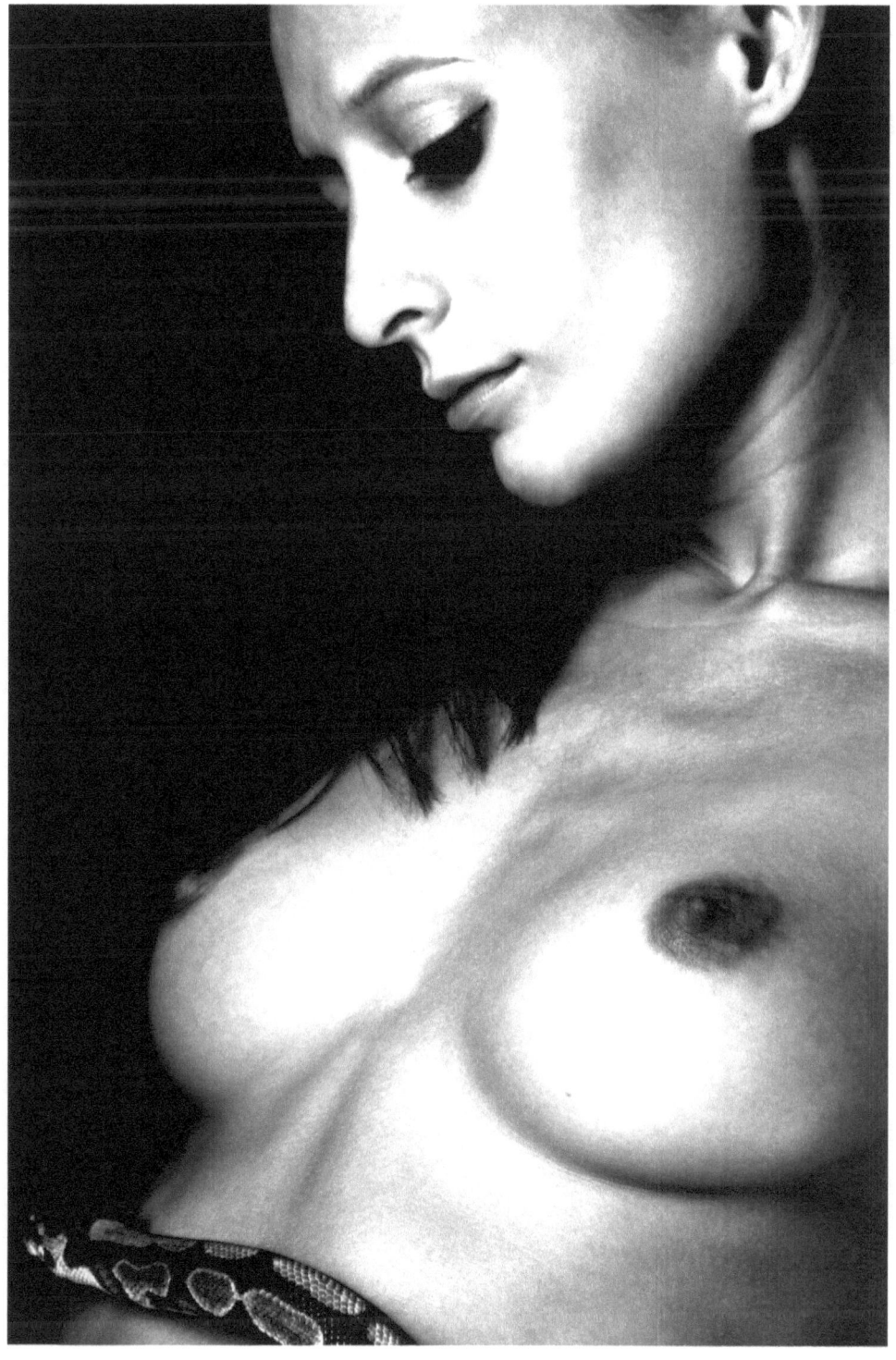

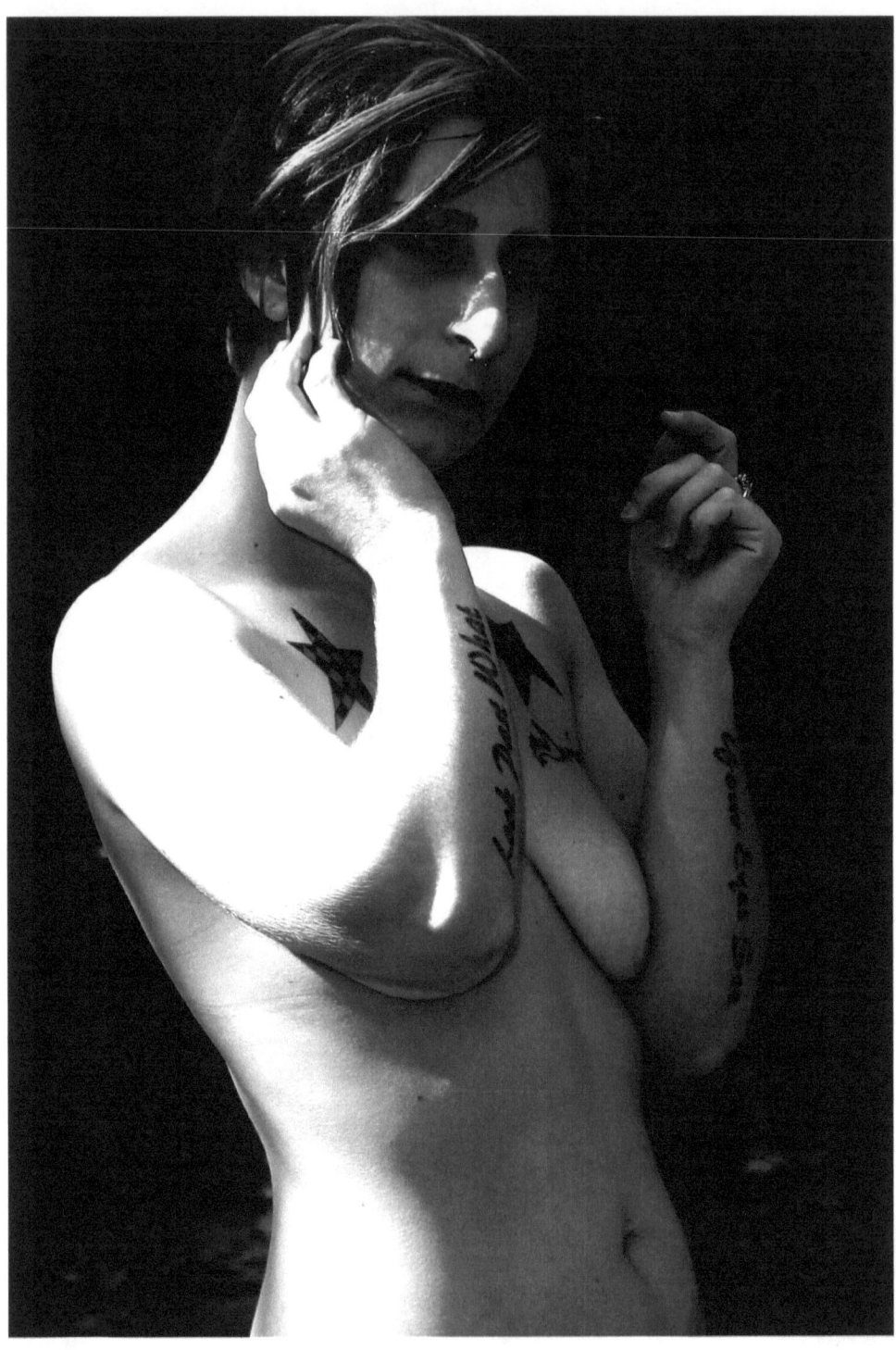

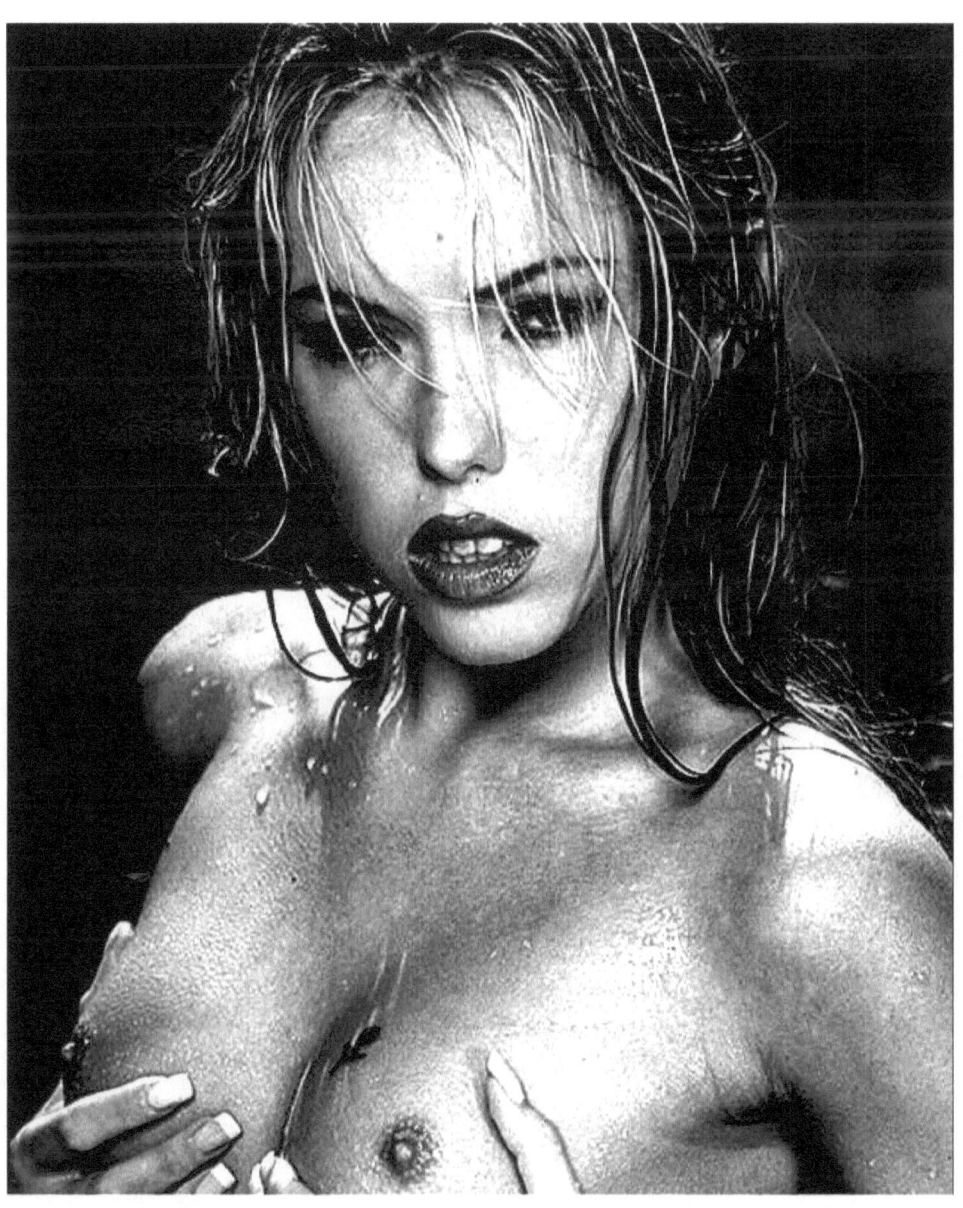

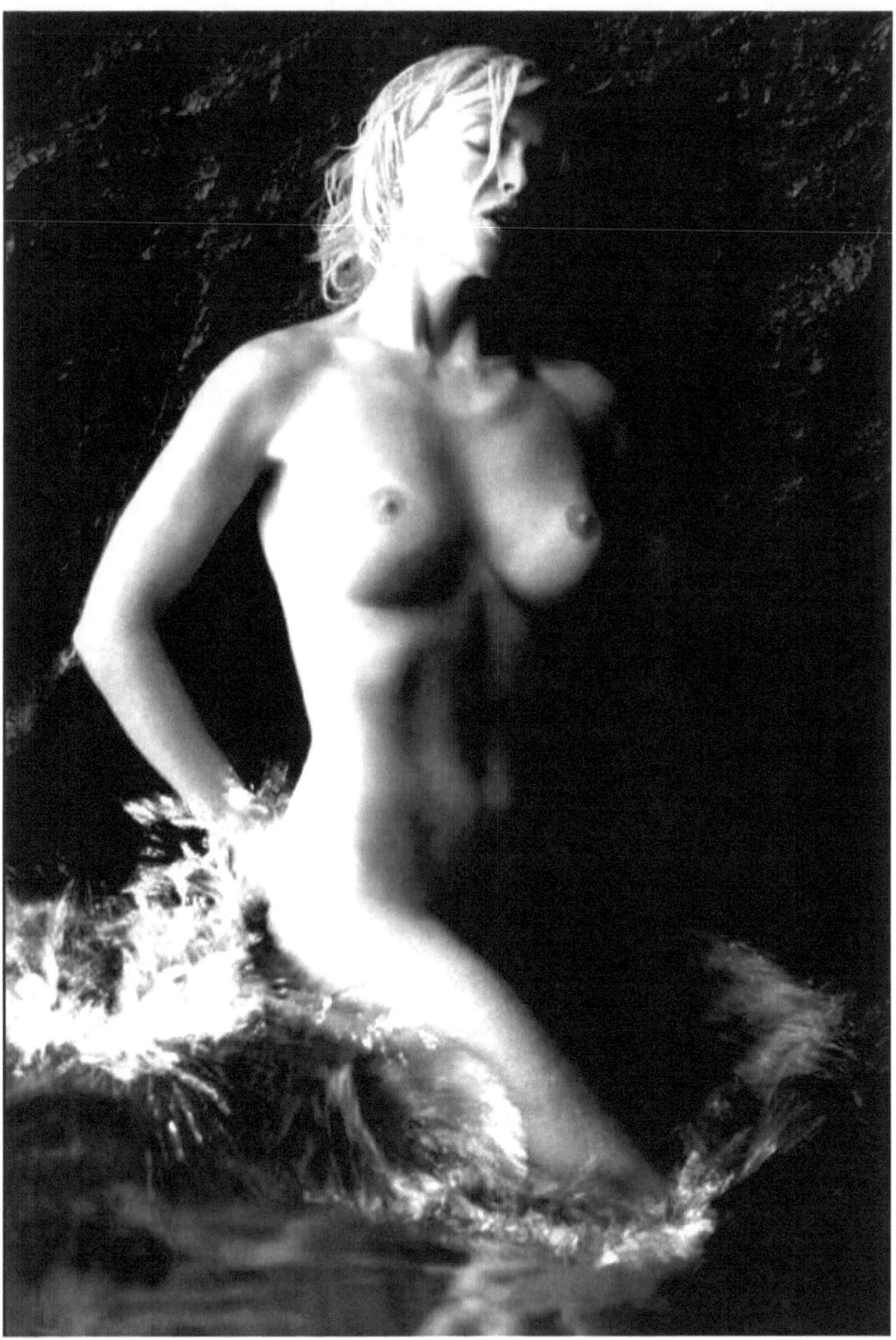

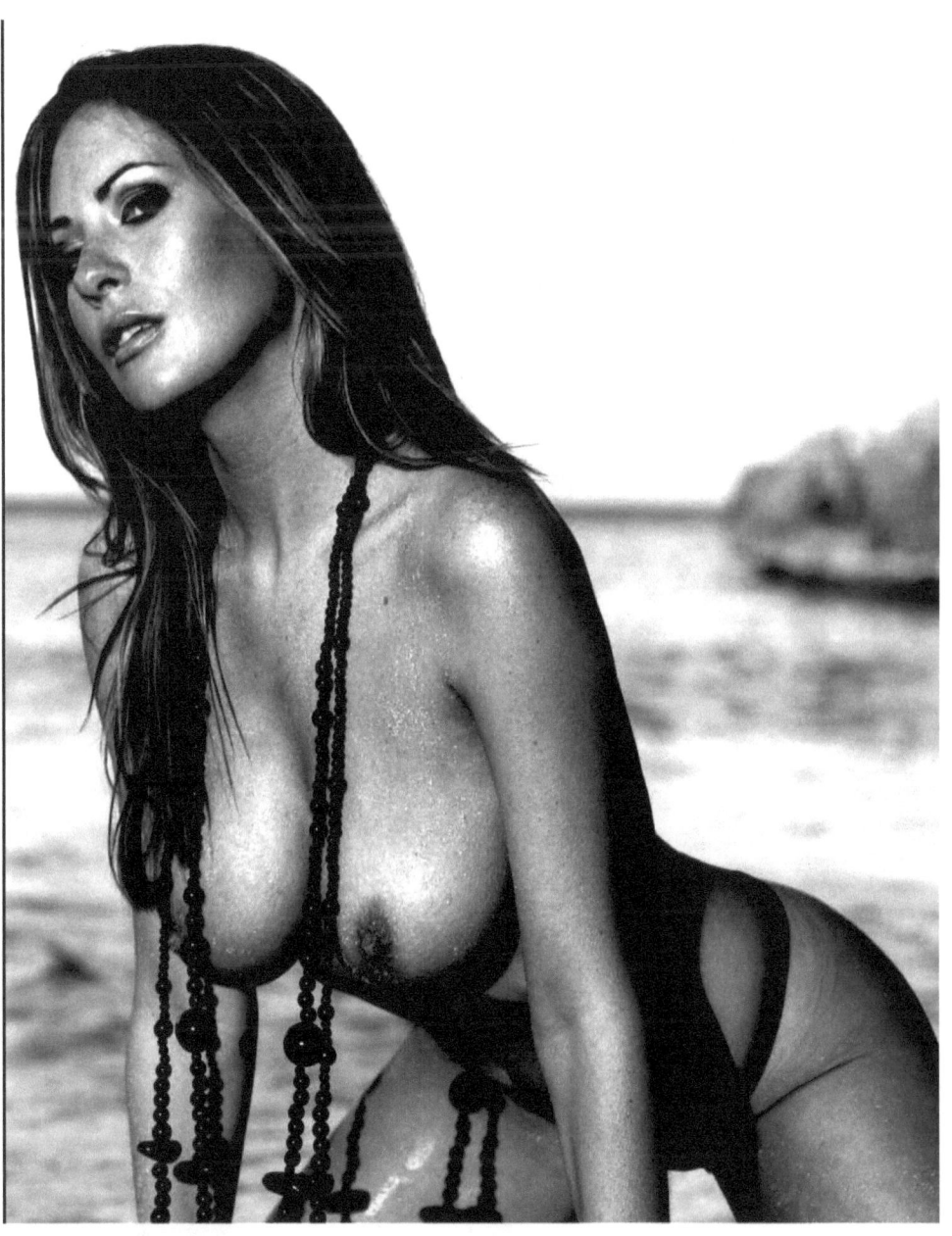

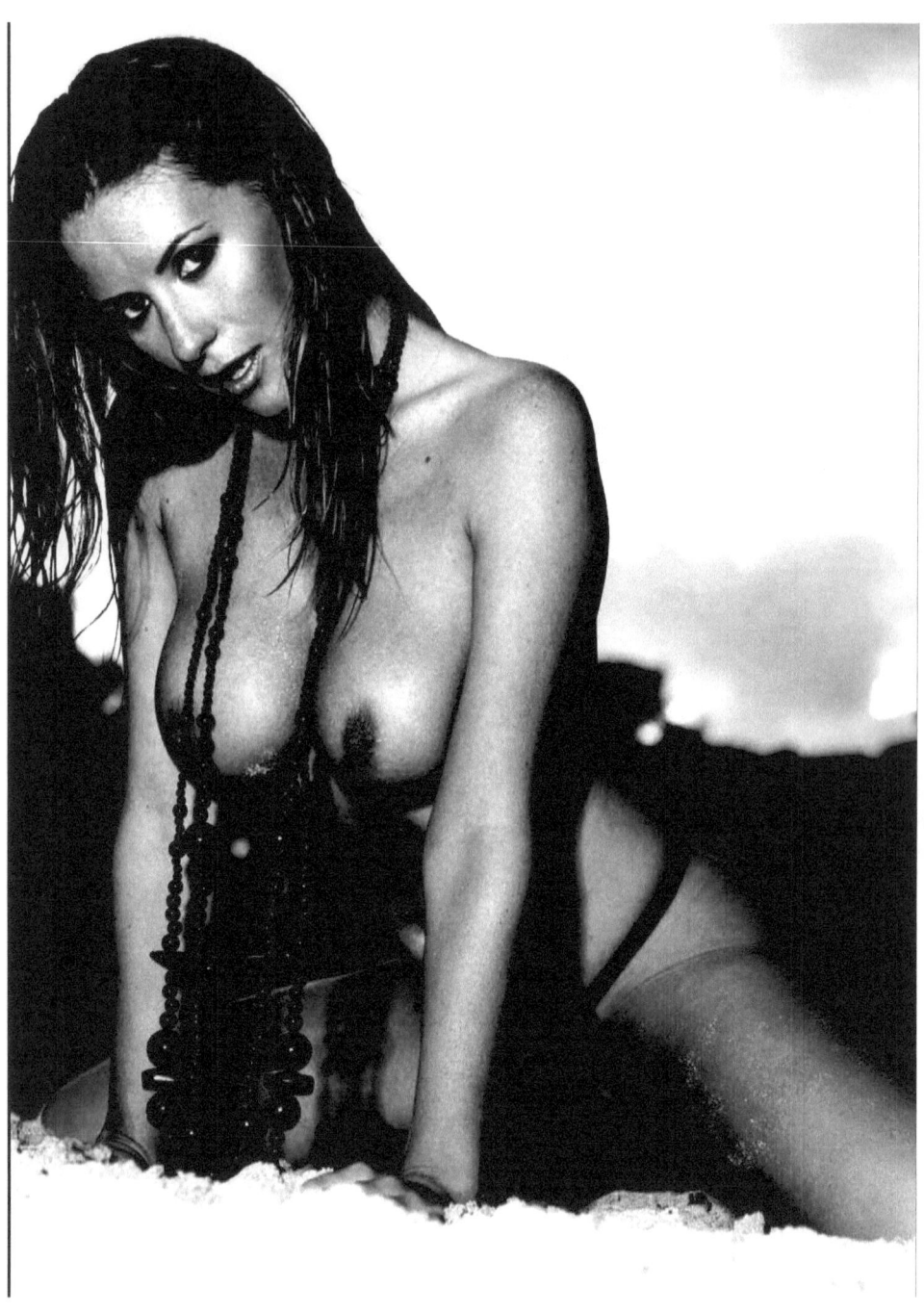

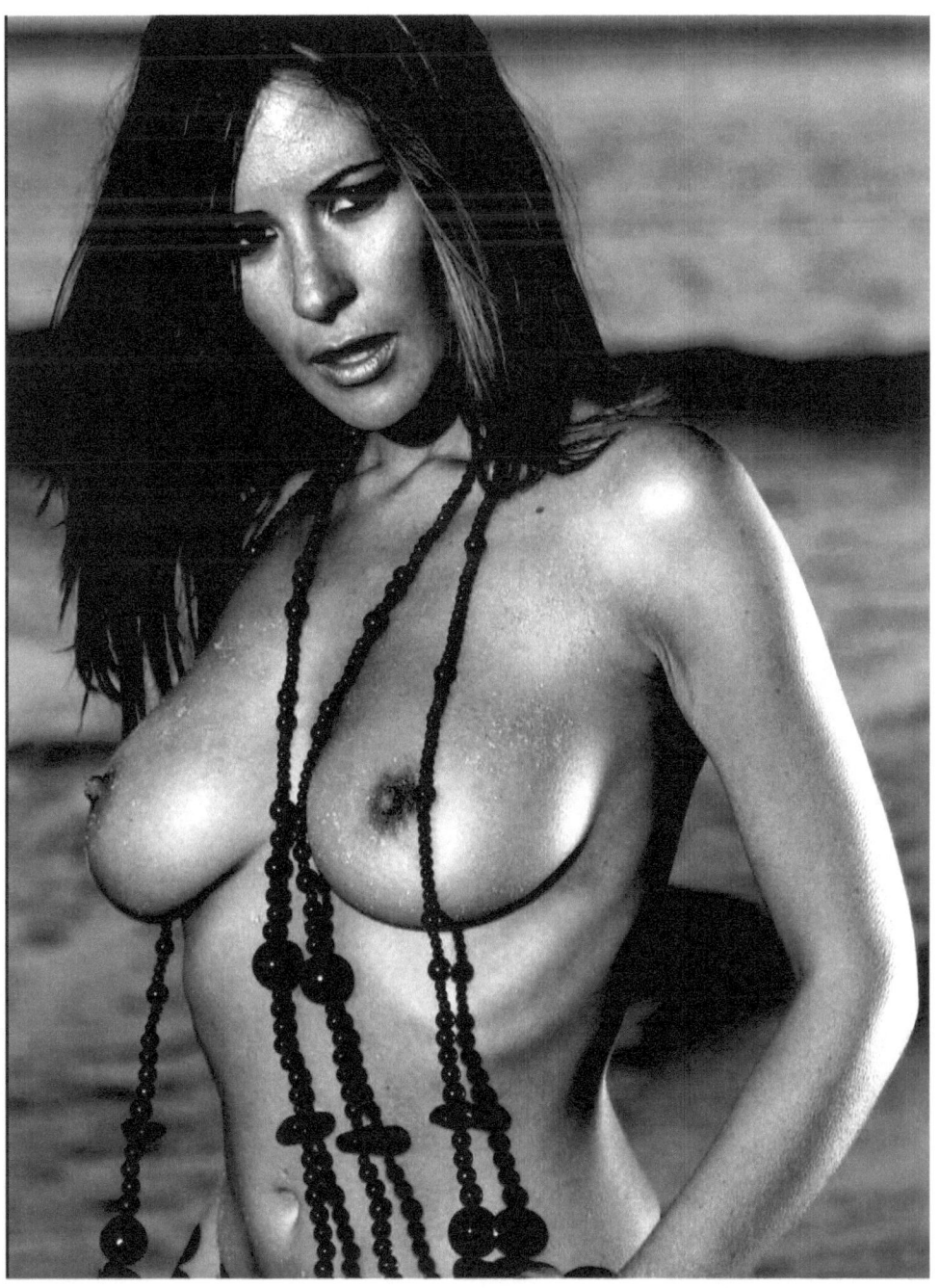

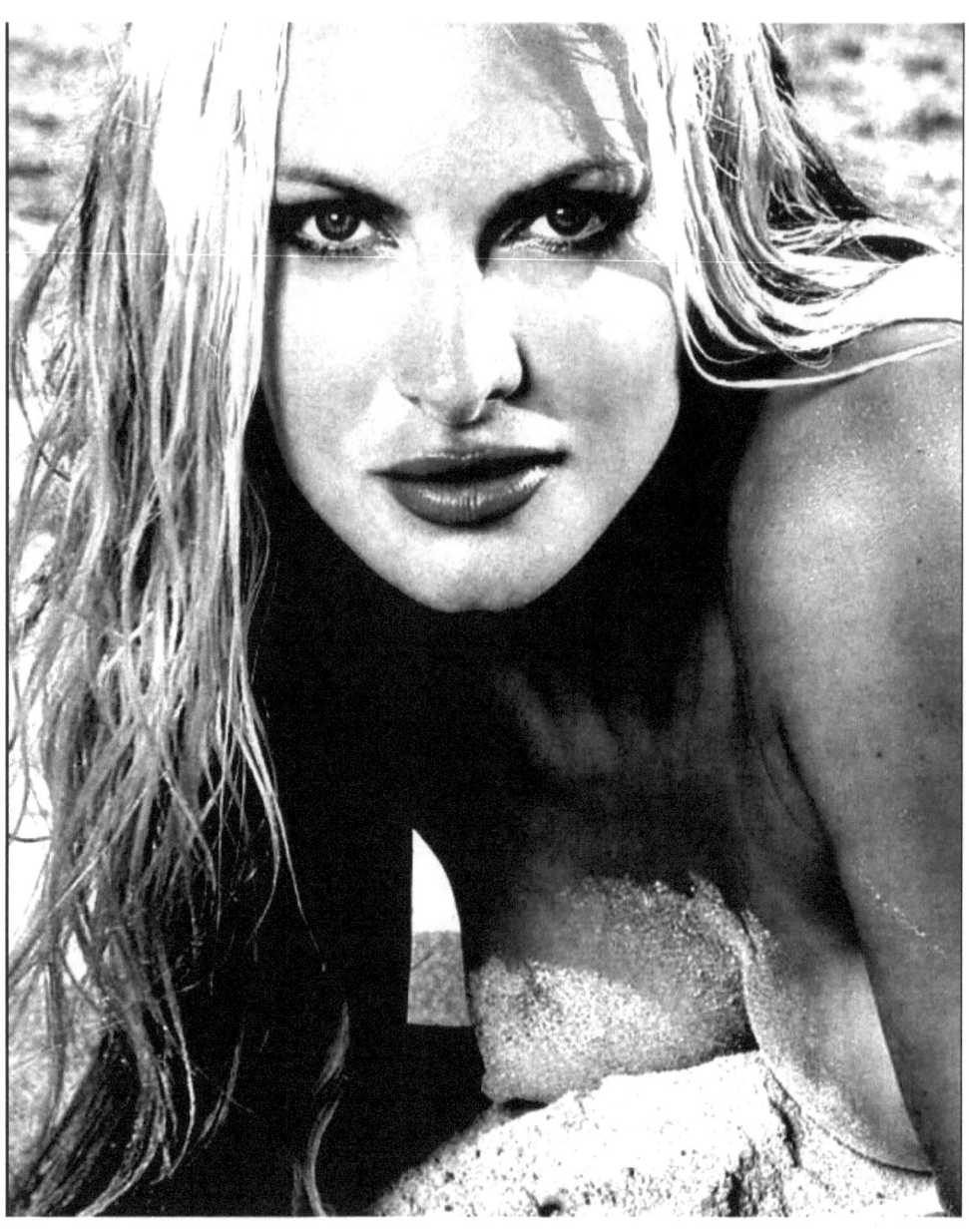

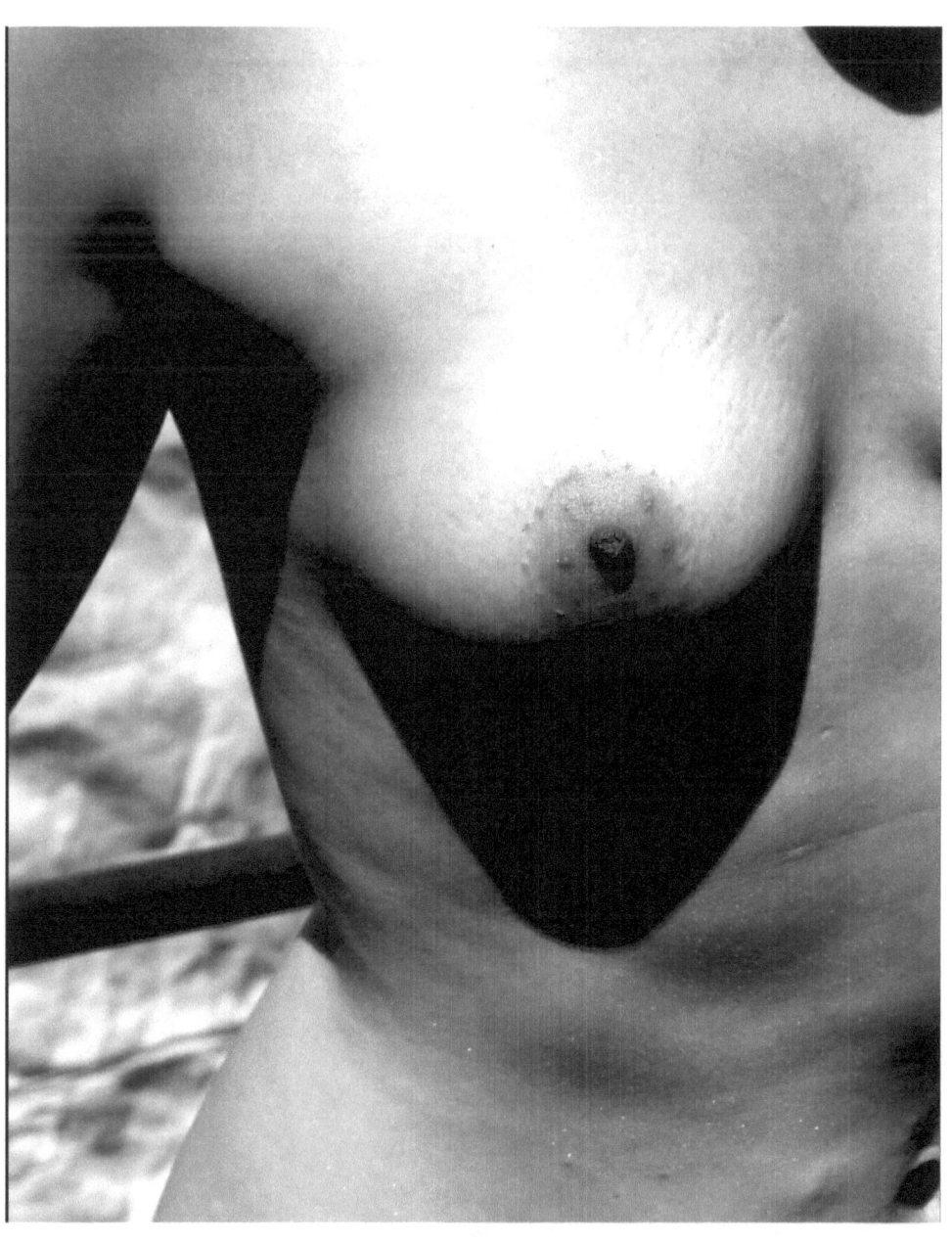

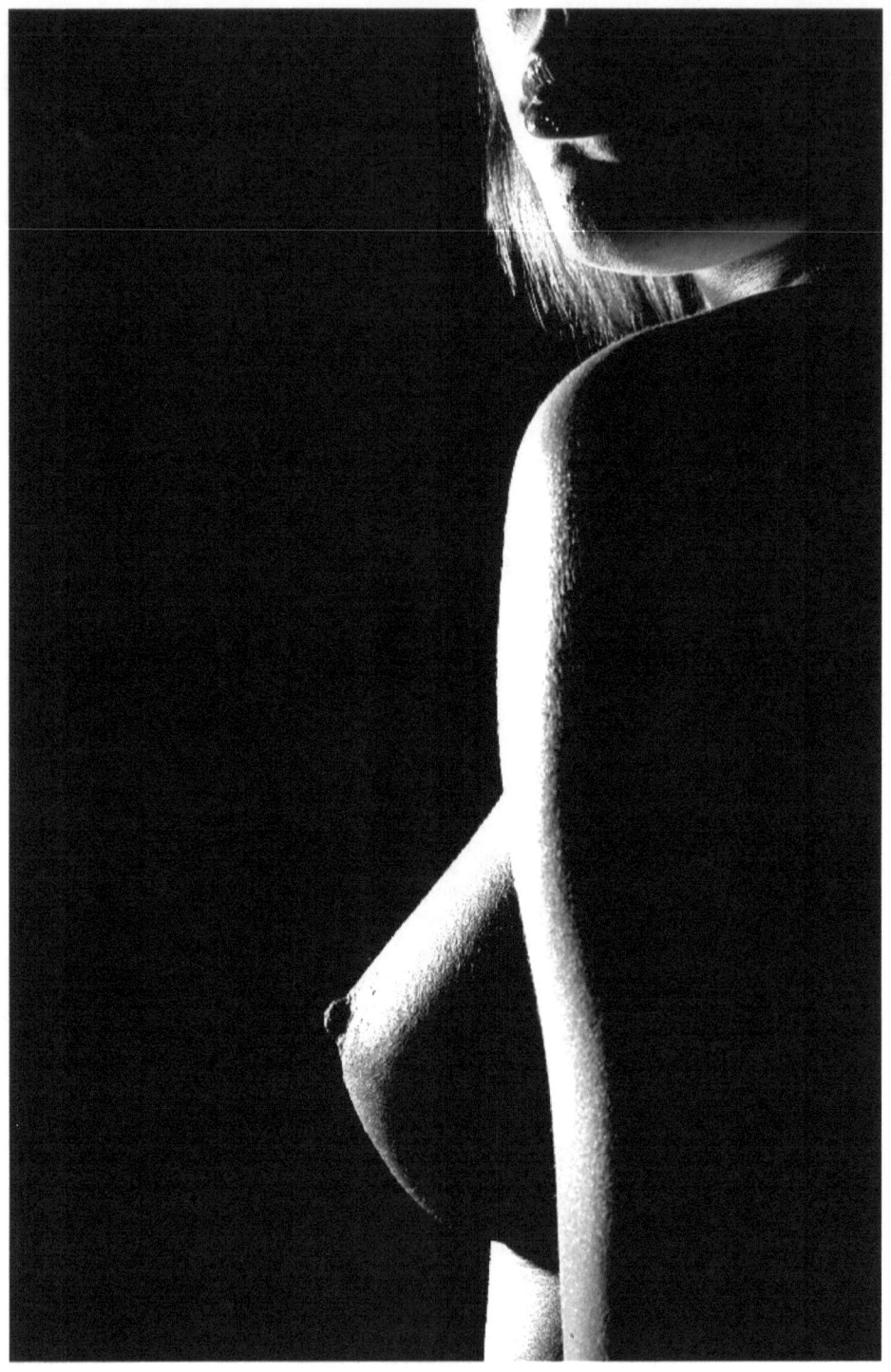

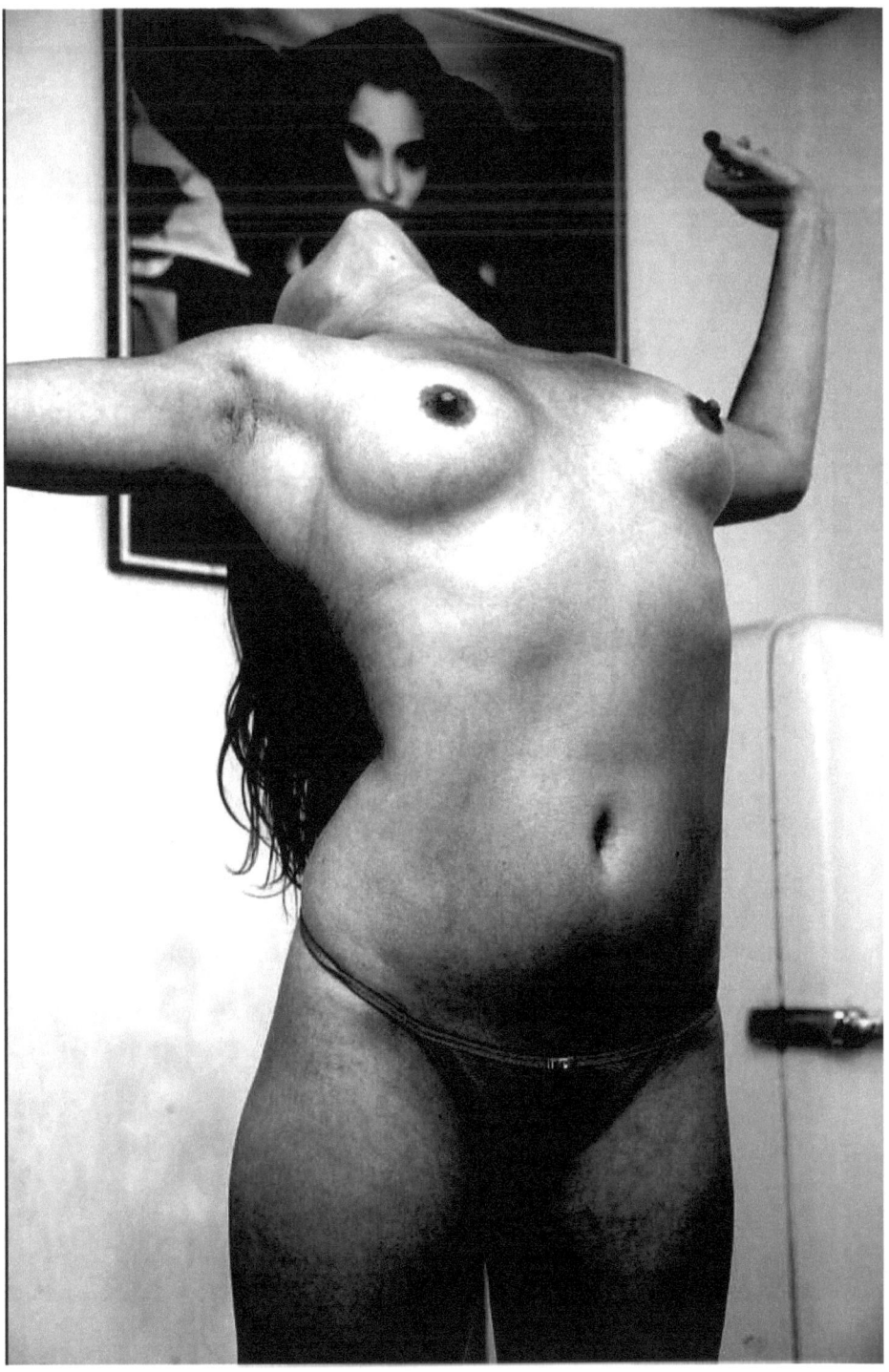

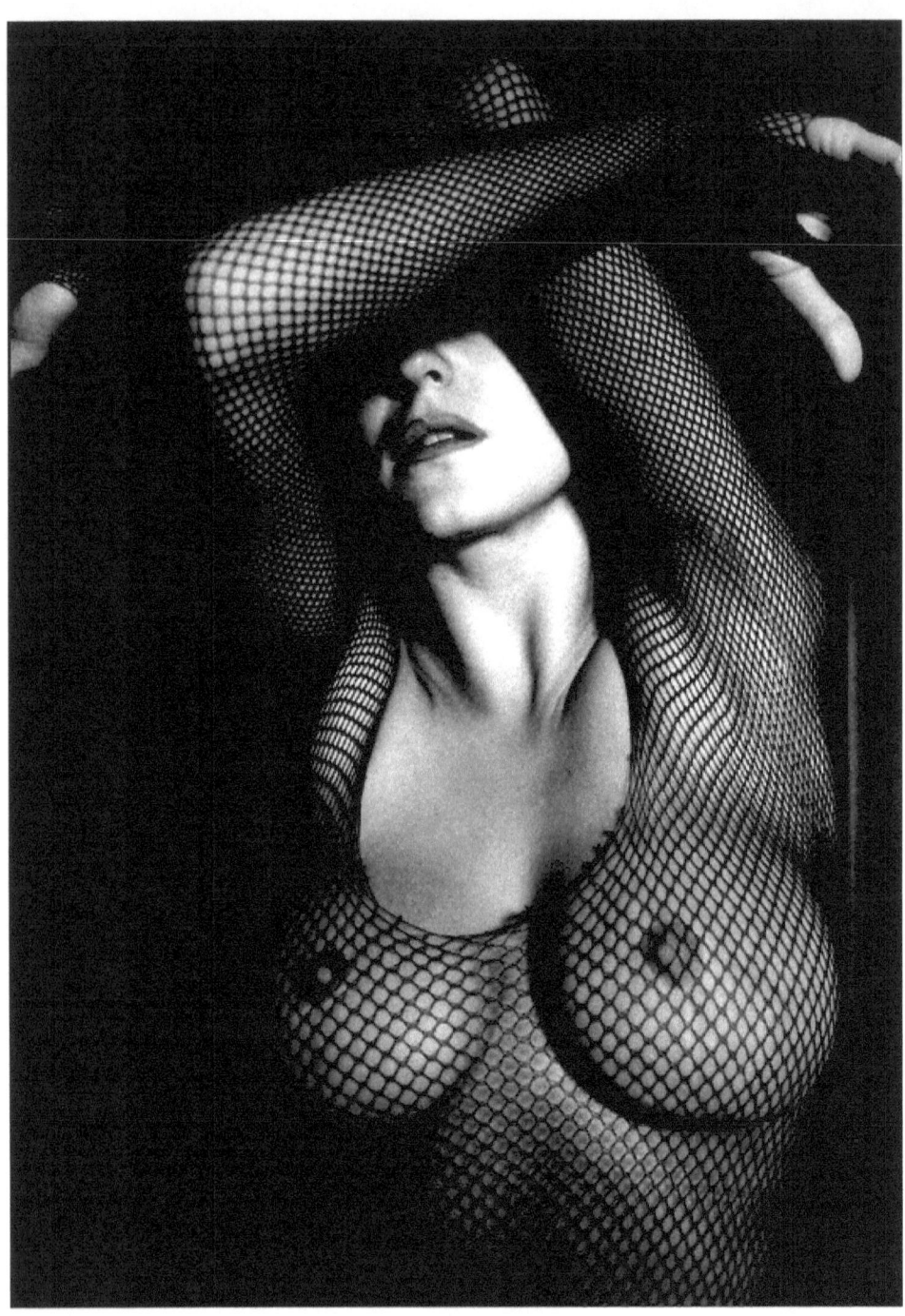

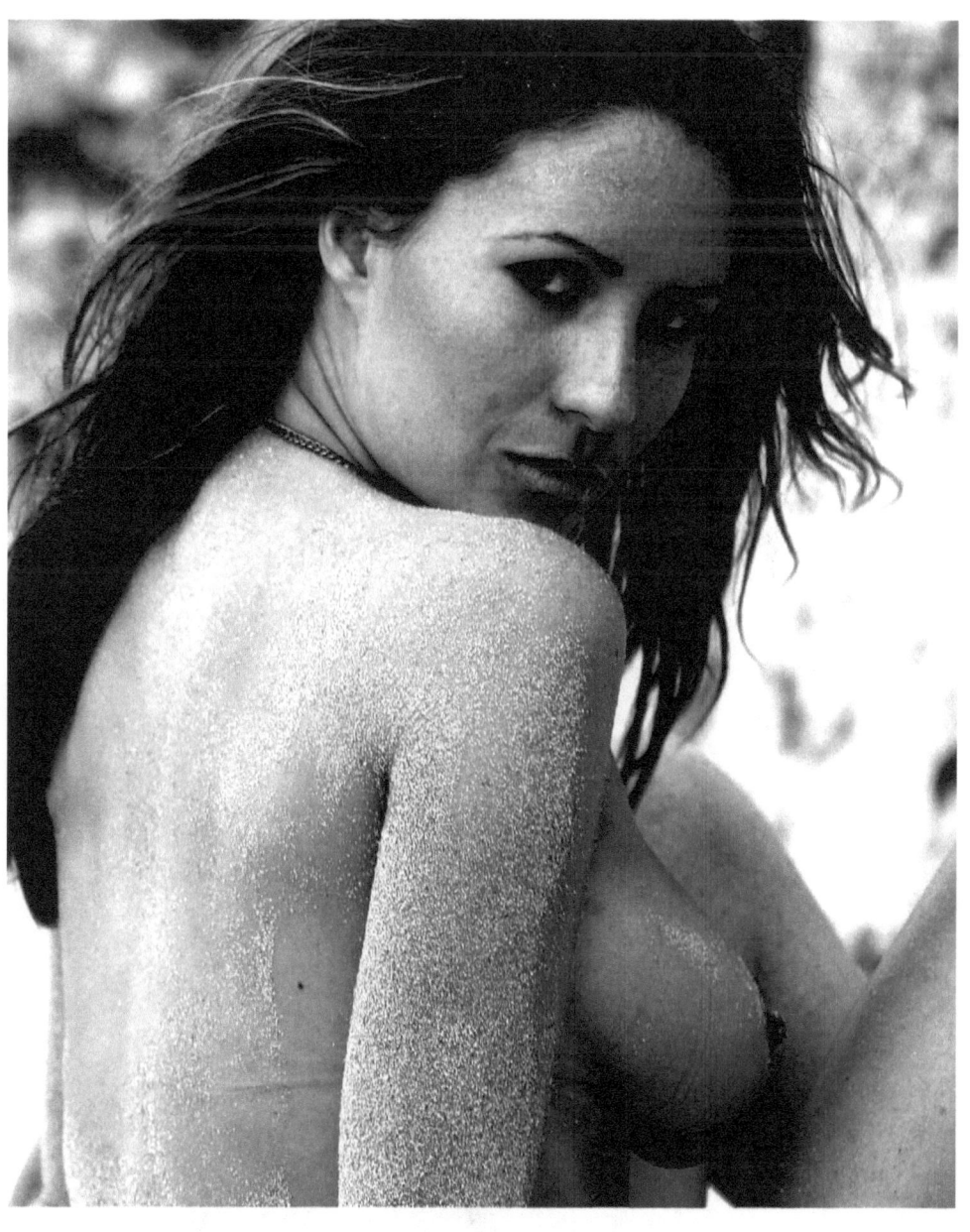

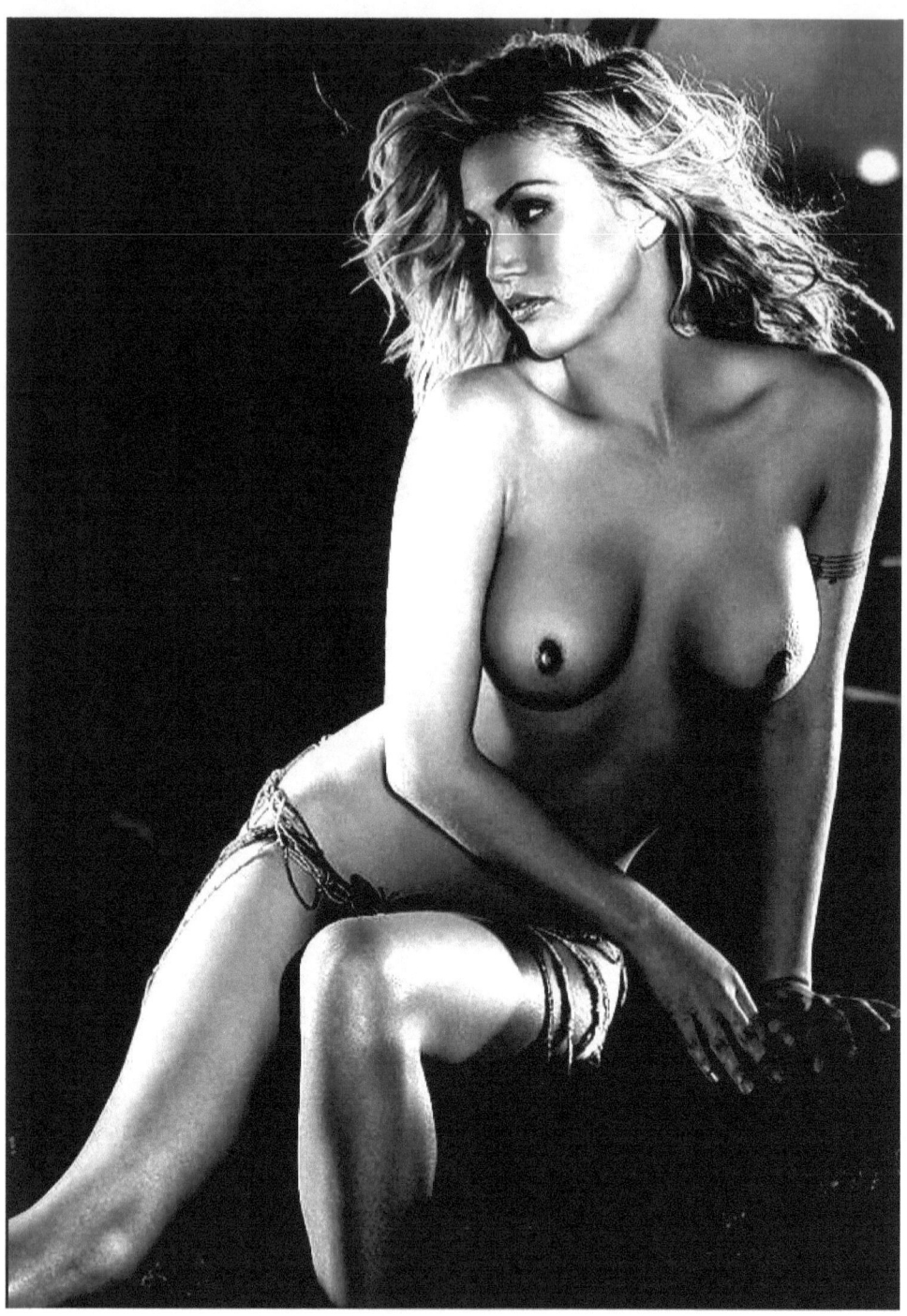

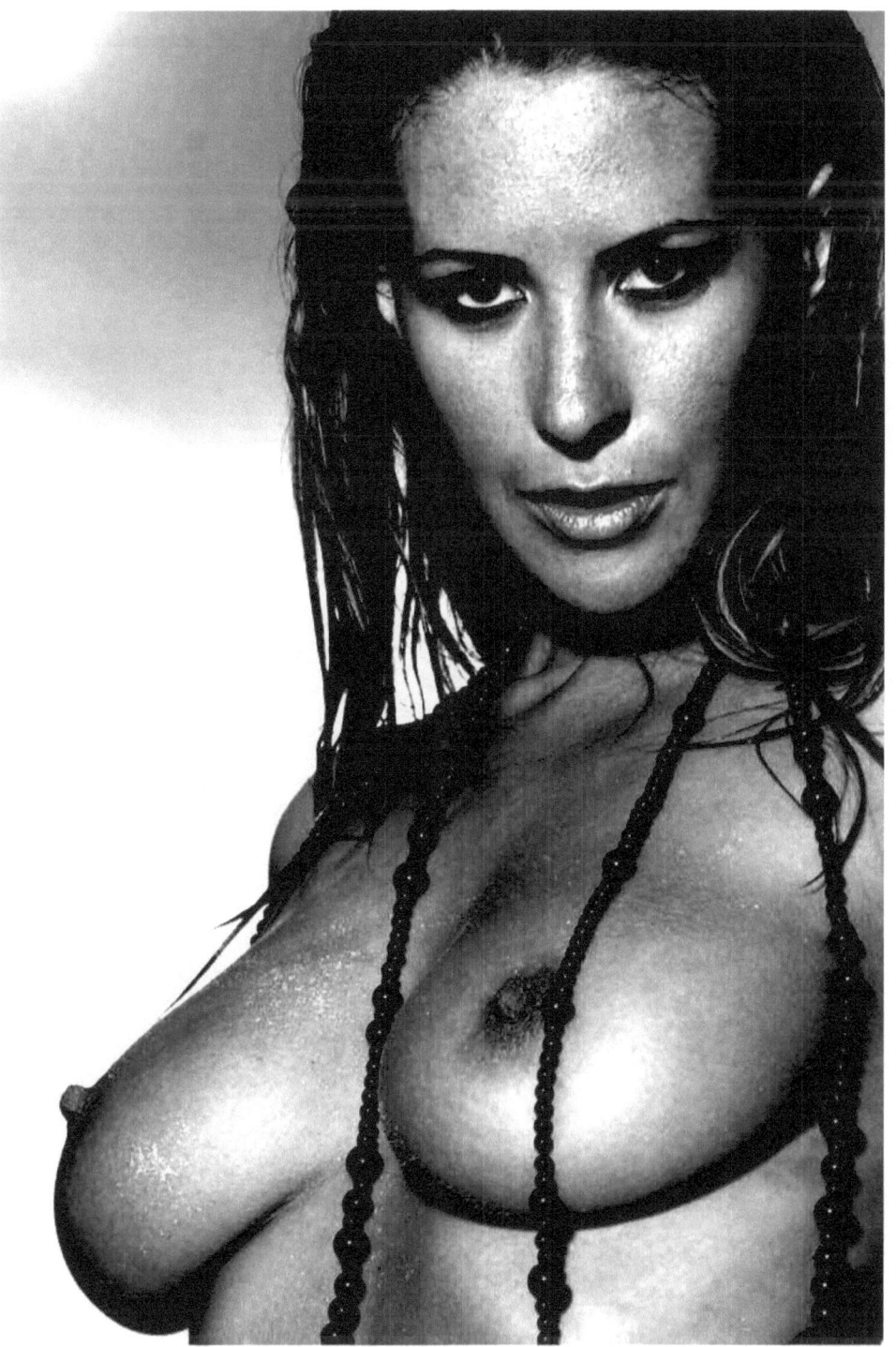

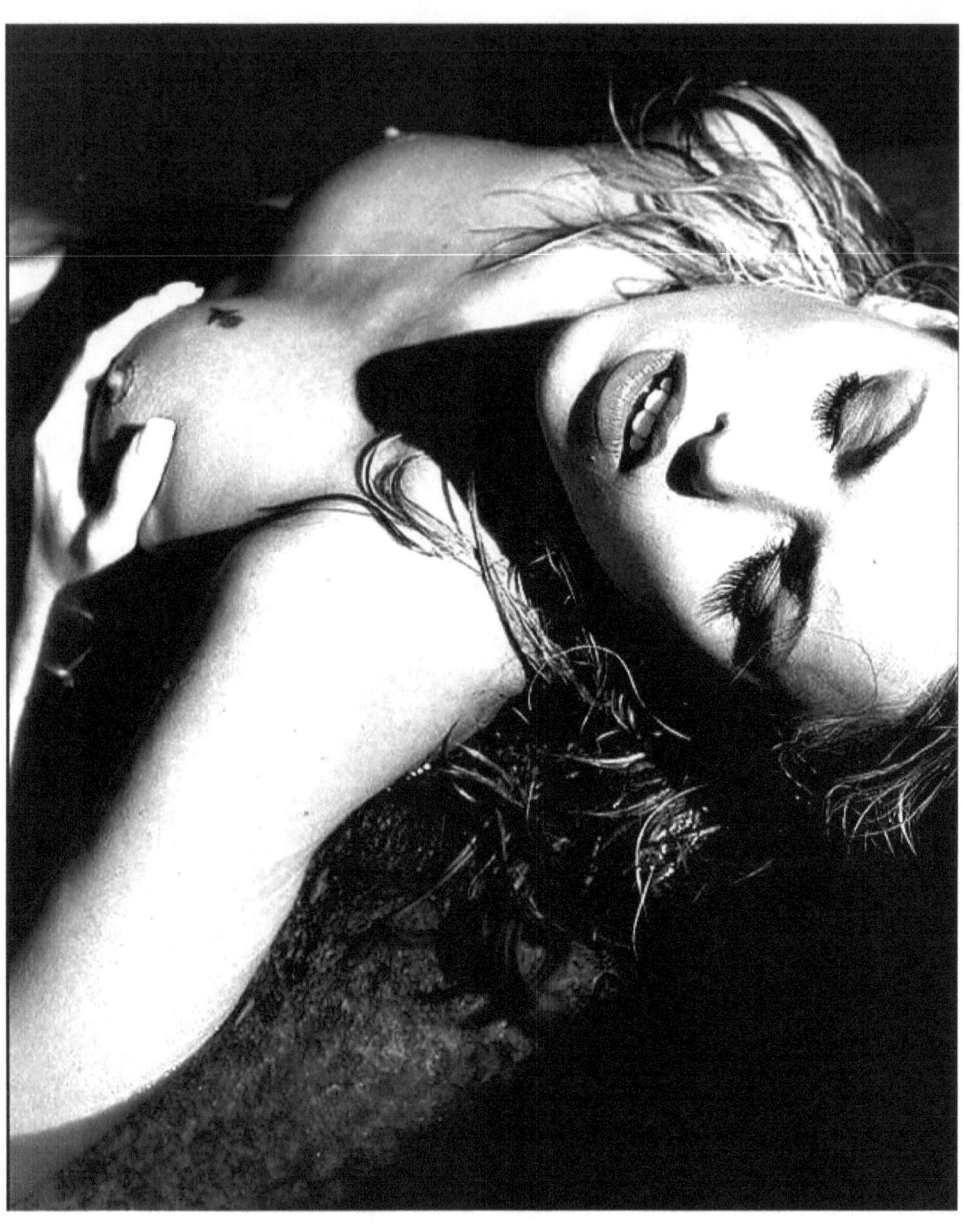

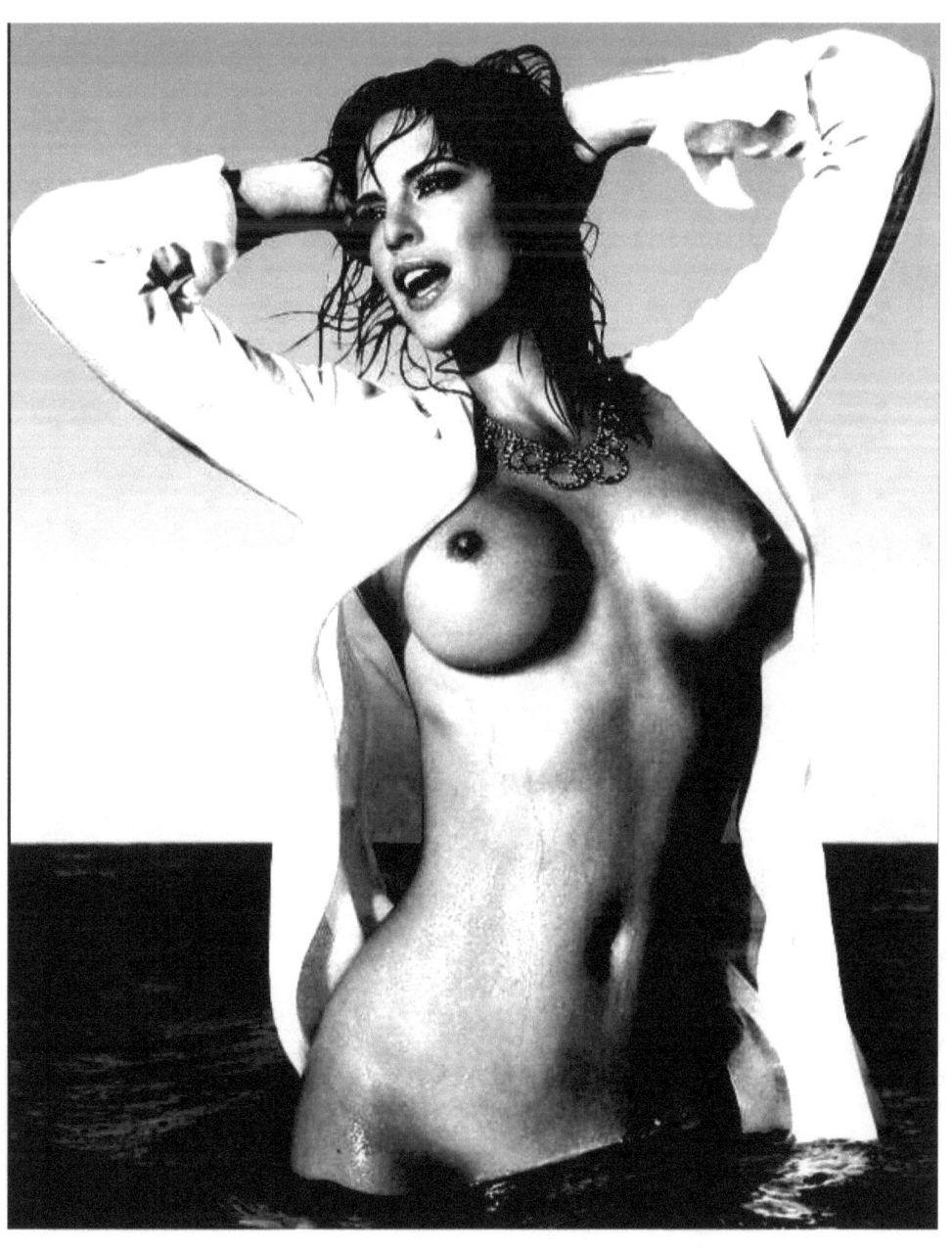

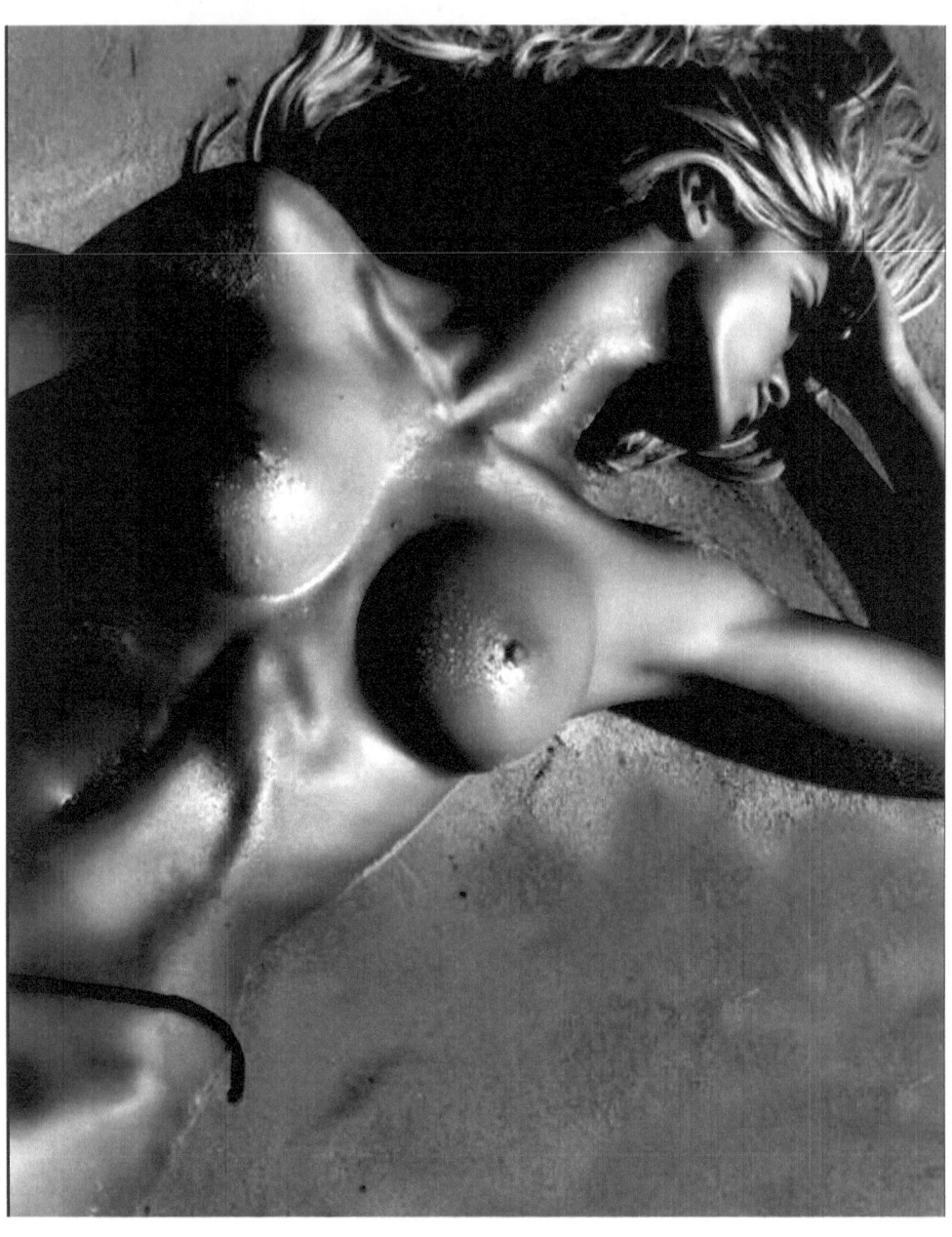

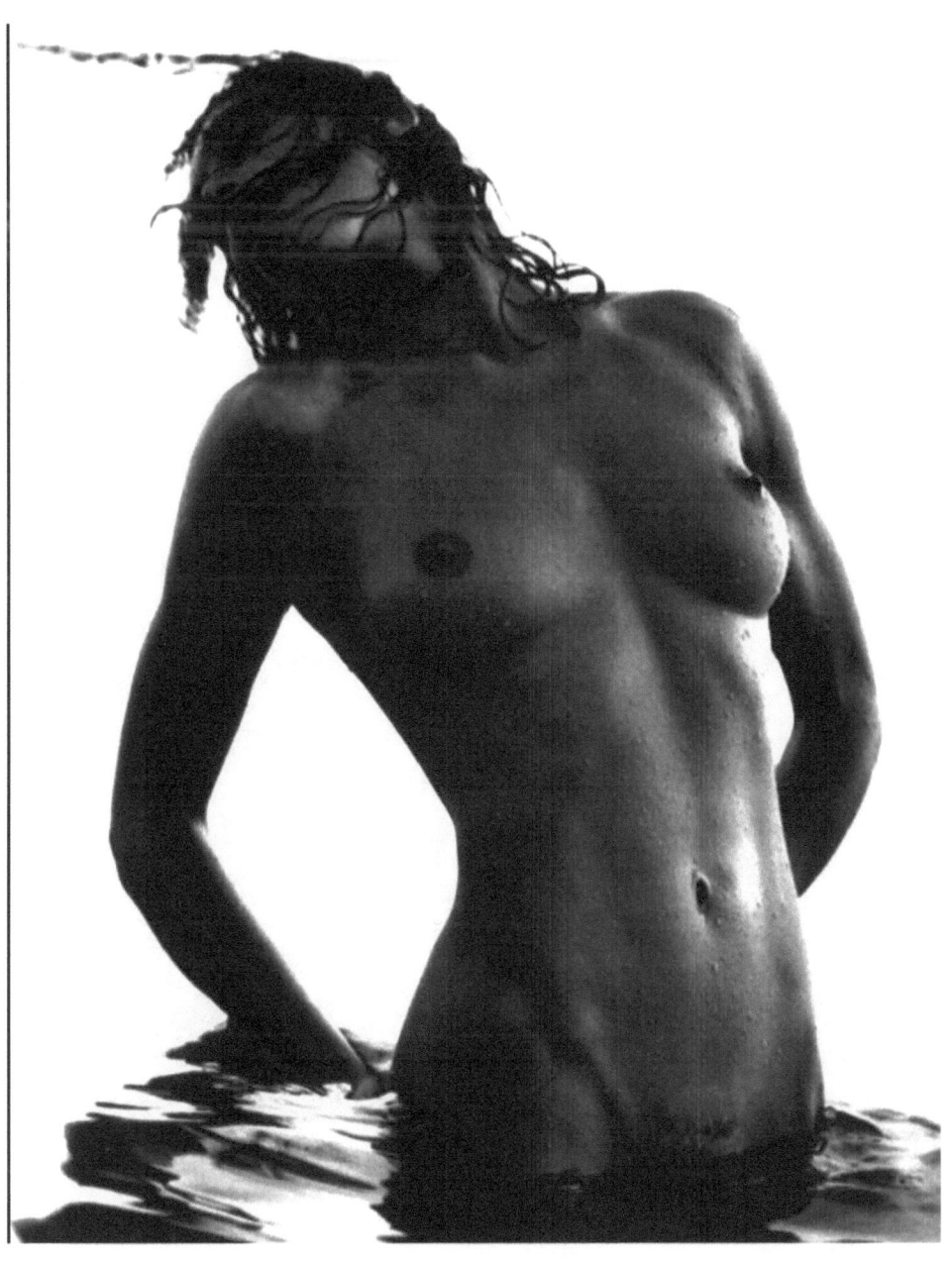

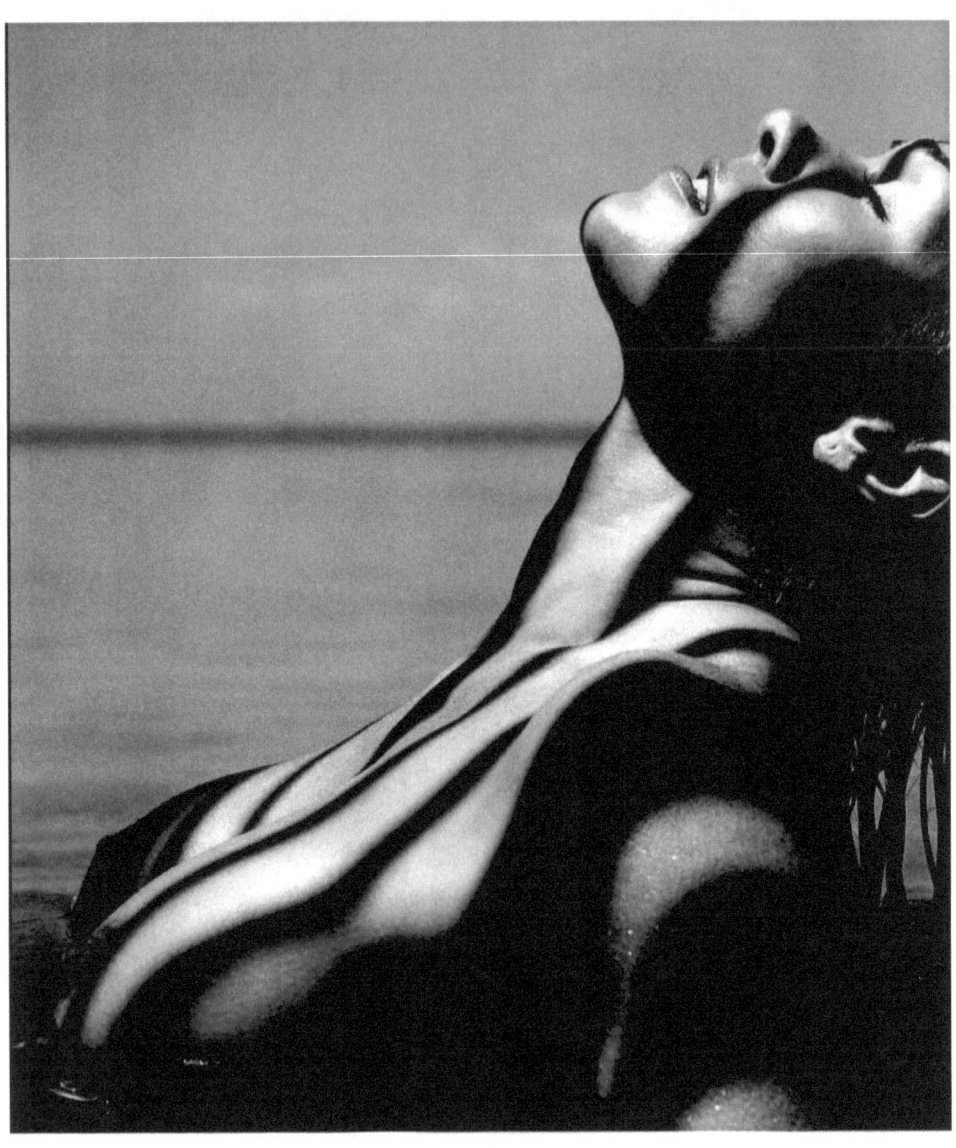

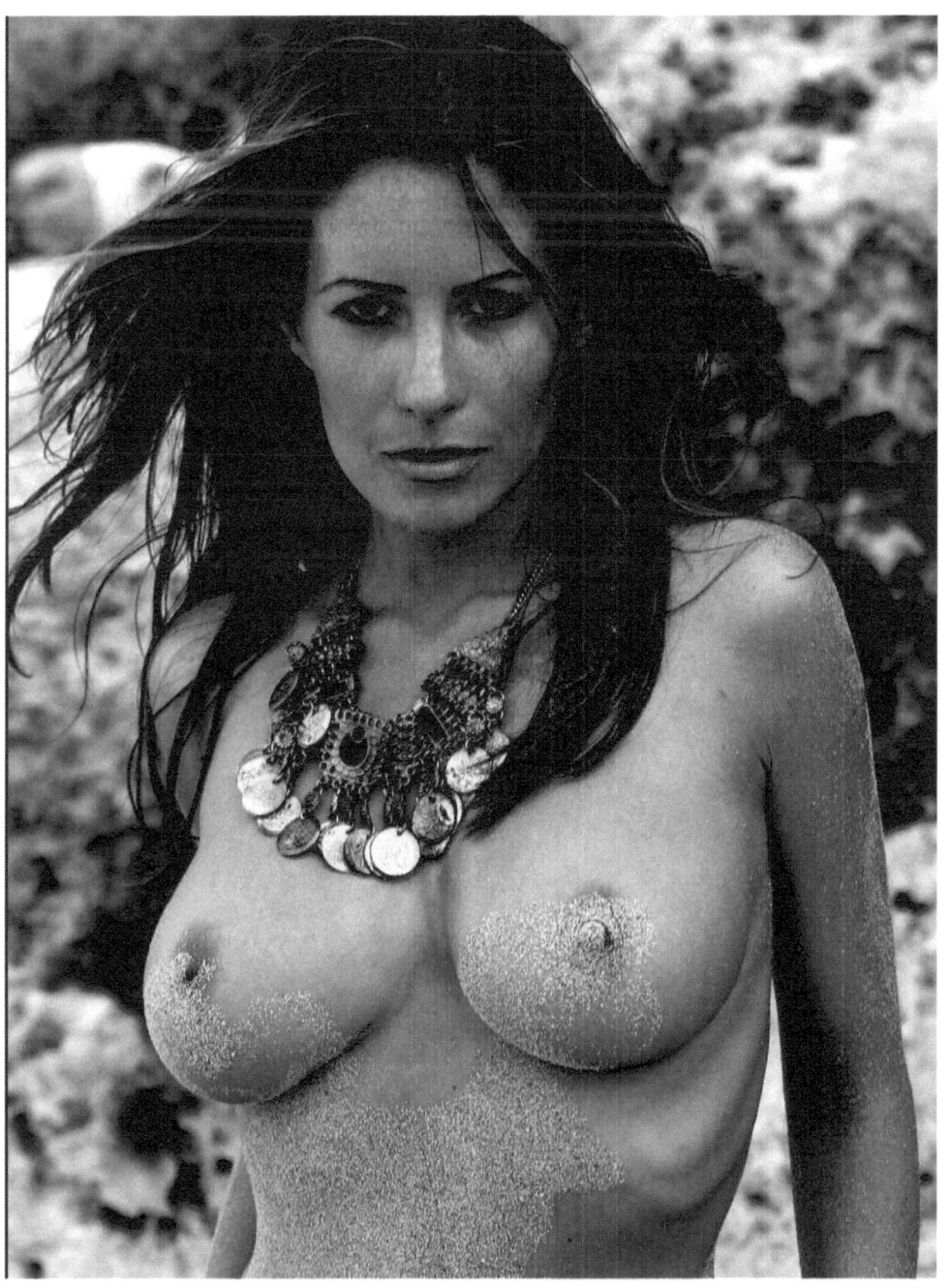

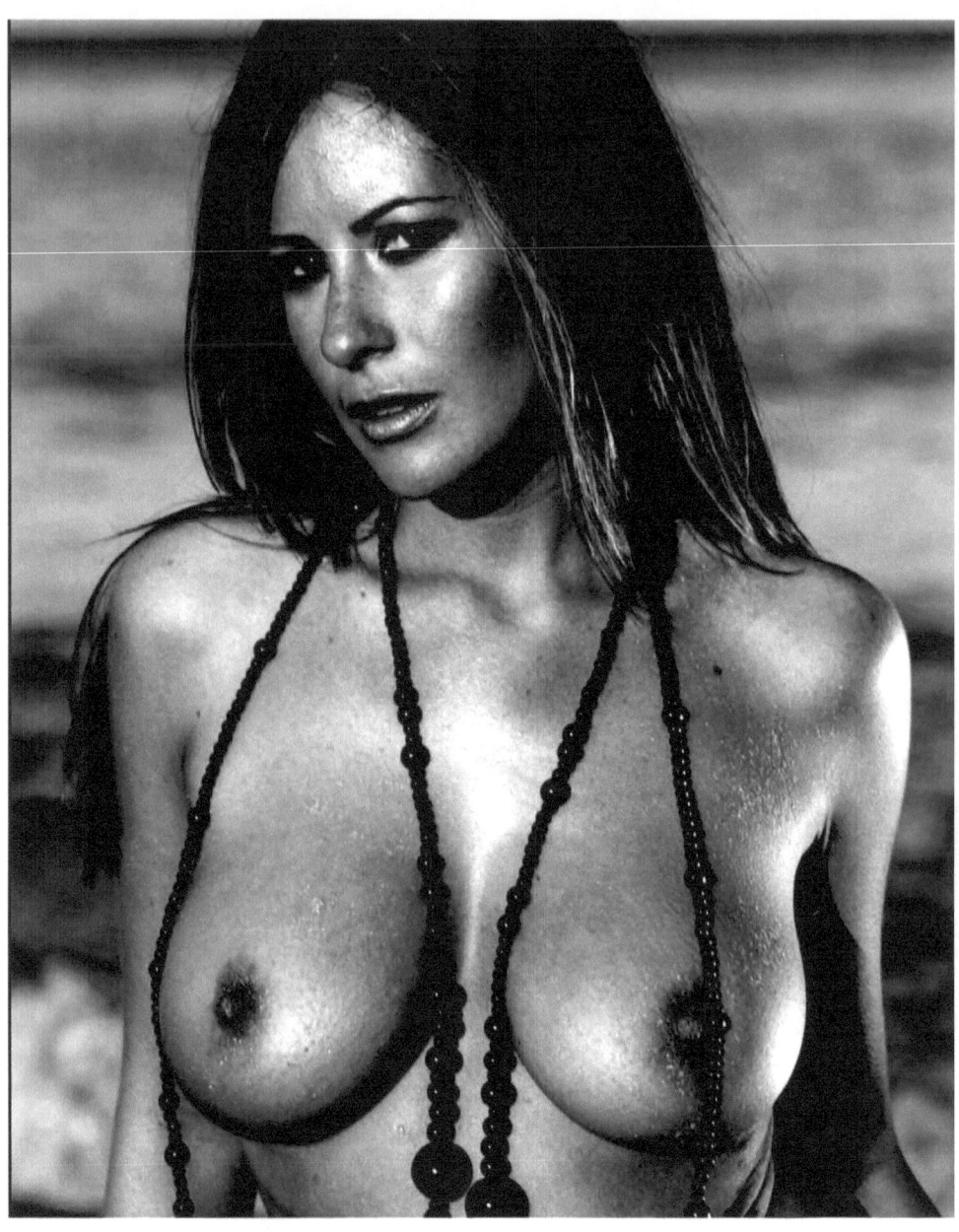

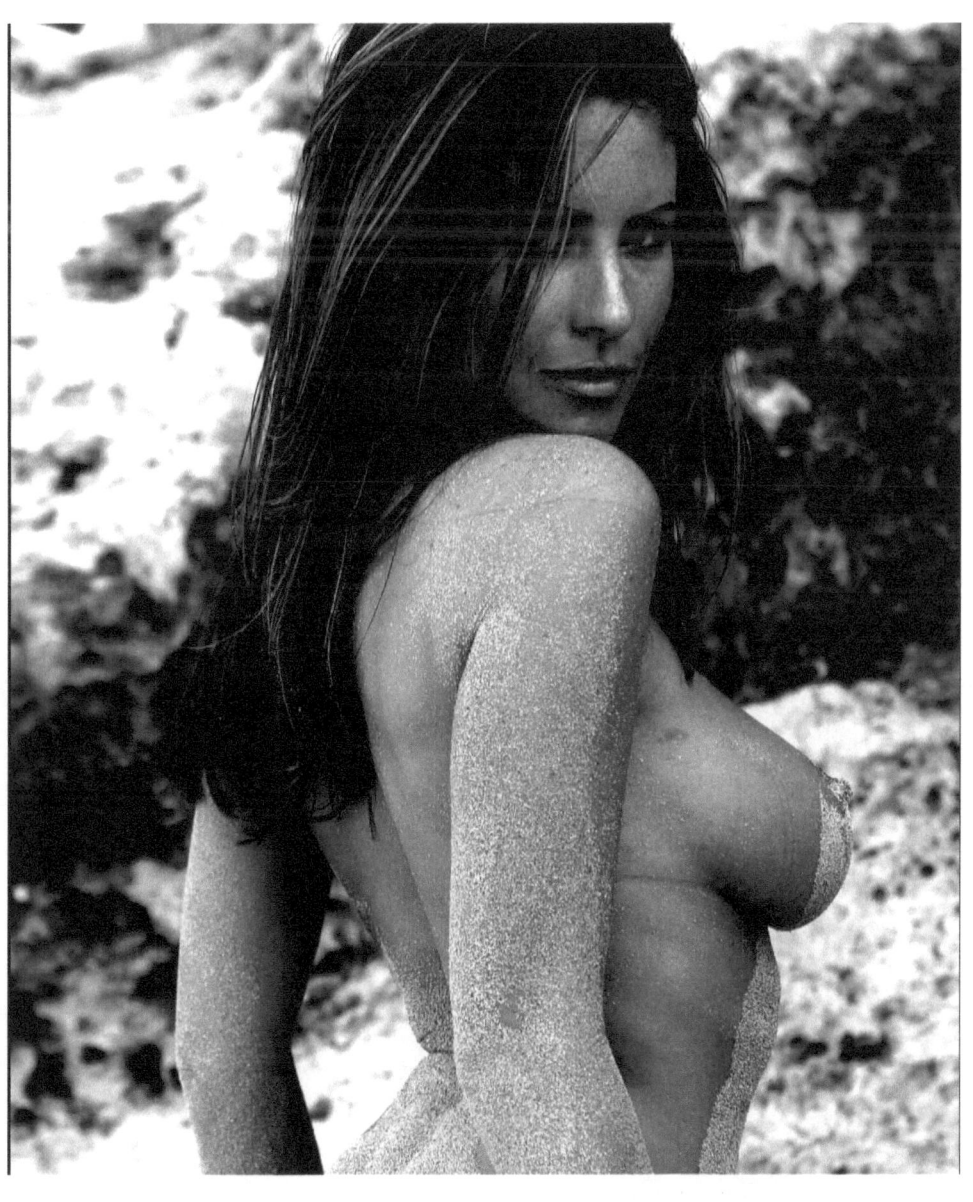

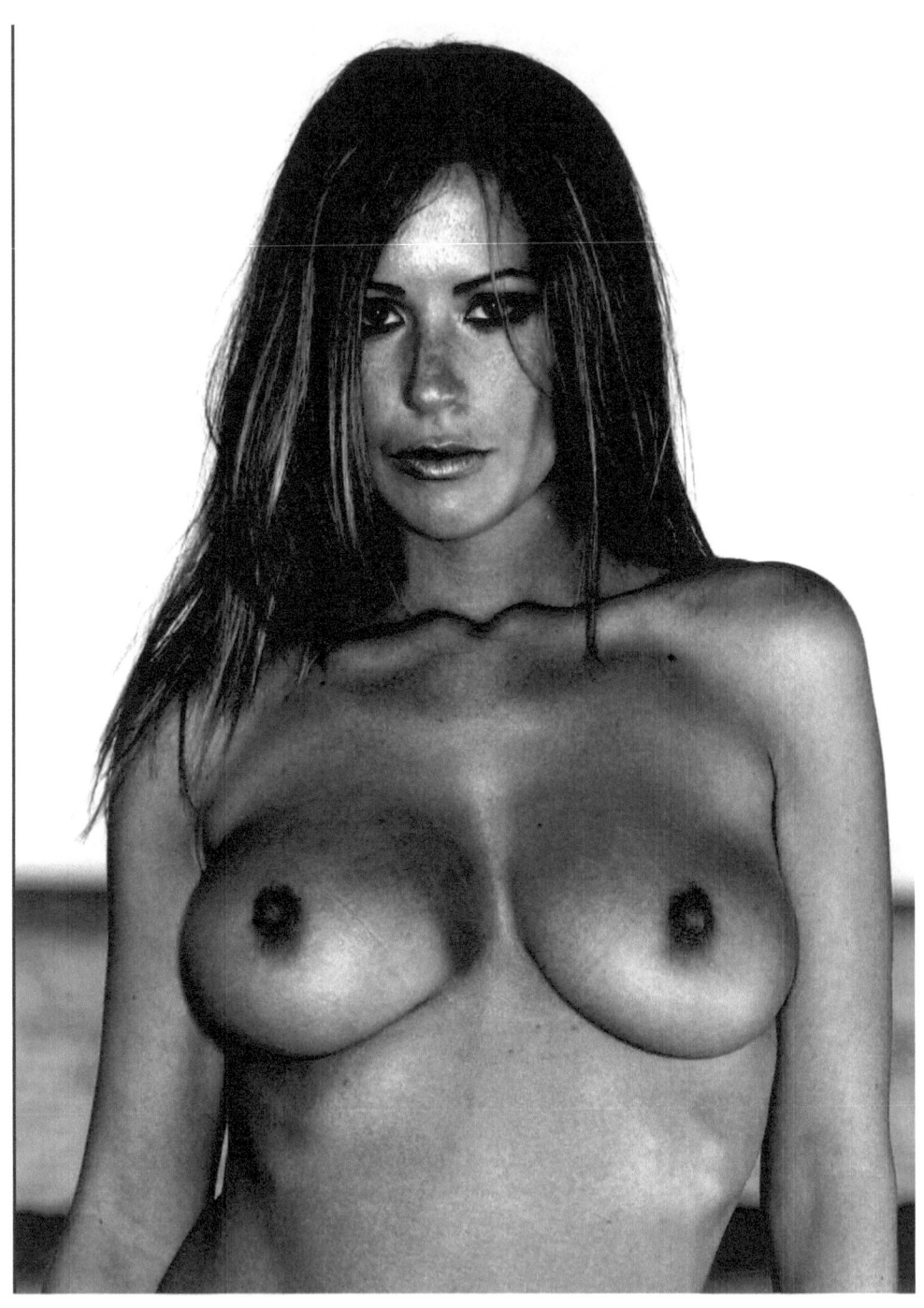

COPYRIGHT / List of Authors: